Frank Weber

Tausenderlei über das Glück

Für alle die,
die mir das Glück bedeuten

Frank Weber

Tausenderlei

über das

Glück

Mehr als 1000
Aphorismen, Bonmots und Zitate
über das Glück

2. Auflage
Bibliographische Informationen der Deutschen Nationalbibliothek
Die Deutsche Nationalbibliothek verzeichnet diese Publikation in
der Deutschen Nationalbibliographie.
Detaillierte bibliographische Daten sind im Internet über
http://dnd.d-nd.de abrufbar.

Herstellung und Verlag: BoD Books on Demand GmbH

ISBN 9783732255252

Vorwort

Auch dieses Buch will – wie schon sein Vorläufer aus der Tausenderei-Reihe Tausenderlei über die Liebe - ein Lesebuch sein; eine Fundgrube, ein Schatz-kästchen voll alter und neuer Einsichten, voller Überraschungen zum Thema Glück.
Auch wenn das Eine oder das Andere schon bekannt erscheint – schon mal gehört, schon mal gelesen oder vielleicht auch selbst erlebt.

In diesem Buch sind wieder über 1.000 Aphorismen, Bonmots und Zitate aus zwei Jahrtausenden zusammengetragen.

Mancher hat schon sein Glück gesucht, andere haben's versucht. Manche wollen's gerne finden, andere wieder-finden - oder auch zurückholen. Manche oder mancher hat's schon, konnte oder kann es noch gar nicht so recht begreifen.

Der Eine vermisst es, andere möchten es gerne festhalten, wenn sie es erst haben; und wieder andere sind erstaunt, was es ihnen beschert.

„Das Glück, wenn es mir recht ist, liegt in zweierlei: Darin, dass man ganz da steht, wo man hingehört, und zum Zweiten und Besten in einem behaglichen Abwickeln des Alltäglichen, also darin, dass man ausgeschlafen hat, und dass einen die neuen Stiefel nicht drücken."
Theodor Fontane

Viel Freude beim Schmökern und gutes Gelingen bei der eigenen Suche nach dem Glück.

Der Verfasser

Marburg, Januar 2014

Aber am meisten beglückt war, wer, was er liebte, gewann.

Theognis von Megara

Aber Glück hat auf Dauer doch zumeist wohl nur der Tüchtige.

Helmuth Graf von Moltke

Aber in der Beschäftigung selbst Vergnügen finden - dies ist das Geheimnis des Glücklichen!

Henri Stendhal

Aber tausendmal heiter ist es zu sehen, wenn, was das Glück uns legte zur Hand, tölpisch zerschlug unser Unverstand.

Arthur Schopenhauer

Aber von allen politischen Idealen ist der Wunsch, die Menschen glücklich zu machen, vielleicht der gefährlichste.

Karl R. Popper

Abscheuliche Eigenschaft des Menschen! Es kann für ihn kein Glück geben, das nicht irgendeiner Unkenntnis entspringt.

Honoré de Balzac

Ach, warum ihr Götter, ist doch endlich alles, alles, endlich unser Glück nur.

Johann Wolfgang von Goethe

Ach, reines Glück genießt doch nie,
wer zahlen soll und weiß nicht, wie.

Wilhelm Busch

Ach! So ist der Menschen Geschlecht: Wir sehnen und hoffen, und das ersehnte Glück wird uns errungen zur Last.

Karl Theodor Körner

Achte auf das Kleine in der Welt, das macht das Leben reicher und zufriedener.

Carl Hilty

All unser Übel kommt daher, dass wir nicht allein sein können.

Arthur Schopenhauer

Alle Beschränkung beglückt.

Arthur Schopenhauer

Alle, die das Glück der Jugend preisen, vergessen immer ihr großes Unglück; noch nicht fertig zu werden mit den Gemeinheiten, alle Feindseligkeiten zum ersten Mal, also mit voller Wucht, erleben zu müssen.

Ludwig Marcuse

Alle, die das Glück ernten wollen, haben leere Scheuern.

Anonymus

Alle Gelegenheit, glücklich zu werden, hilft nichts, wer den Verstand nicht hat, sie zu benutzen.

Johann Peter Hebel

Alle Menschen versuchen, glücklich zu sein; darin gibt es keine Ausnahme, wie verschieden die Mittel auch sind, die sie anwenden.

Blaise Pascal

Alle wünschen sich ein glückliches Leben. Lucius Annaeus Seneca

Alles „Glück" ist nur als Kur erlaubt. Friedrich Wilhelm Nietzsche

Alles Glück ist zweifelhaft, das weiter liegt, als wir mit Armen greifen können.

Johann Jakob Mohr

Alles Dichten und Trachten der Menschen [...] läuft doch immer auf das eine Ziel hinaus, die Erlangung der Glückseligkeit.

Anicius Boethius

Allein ist der Mensch ein unvollkommenes Ding; er muss einen Zweiten finden, um glücklich zu sein.

Blaise Pascal

Alles im Leben gibt kund, dass das irdische Glück bestimmt ist, vereitelt oder als eine Illusion erkannt zu werden.

Arthur Schopenhauer

Alles ist gut. Der Mensch ist unglücklich, weil er nicht weiß, dass er glücklich ist. Nur deshalb. Das ist alles, alles! Wer das erkennt, der wird gleich glücklich sein, sofort im selben Augenblick.

Fjodor Michailowitsch Dostojewski

Als Gott wegen der Masse Menschen, die aus sich selbst nichts machen können, in Verlegenheit war, da schuf er das Glück.

Christian Friedrich Hebbel

Alles ist Gegenstand tödlicher Beunruhigung, wenn es einem um sein einziges Glück geht.

Anne Louise Germaine de Stael

Alles was die Menschen mit Opfern an Glück verteidigt haben, ist nichts als Irrtum.

Friedrich Nietzsche

Als einen glücklichen Tag sollen wir den betrachten, an dem wir etwas Böses verhindert oder etwas Gutes getan haben.

Vinzenz von Paul

Also in der Tugend liegt die wahre Glückseligkeit.

Lucius Annaeus Seneca

An einem Glück oder Unglück ist man nie schuld, aber am wiederkehrenden.

Jean Paul

An einer unglücklichen Liebe scheitert man zuweilen weniger als an einer glücklichen.

Friedl Beutelrock

An Glück und Leid, an Ruhm und Unheil empfängt stets eine jede Nation genau, was sie verdient

Heinrich von Sybel

Anscheinend fühlt sich der glückliche Mensch nur deshalb wohl, weil die Unglücklichen ihre Last schweigend tragen und ohne dieses Schweigen das Glück unmöglich wäre.

Anton Pawlowitsch Tschechow

Anteilnehmende Freundschaft macht das Glück strahlender und erleichtert das Unglück.

Marcus Tullius Cicero

Anstrengung ist die Würze zum Glück.

Xenophon

Armut ertragen, wenn man in Armut geboren und erzogen ist, das können tausend Menschen; aber vom Überfluss zum Mangel übergehen, sich dreinschicken und überdies sein Glück darin finden, das ist es, was ich nicht begreifen kann.

Denis Diderot

Auch in ein neues Glück muss man sich schicken lernen.

Marie Freifrau von Ebner-Eschenbach

Auch Wolken von Glückseligkeit sind an der Erzeugung von Gewittern beteiligt.

Anton Philipp Reclam

Auf das Glück darf man nicht warten, dann kommt es nicht;
man muss daran arbeiten.
Anonymus

Auf etwas verzichten müssen, ist Bestandteil des Glückes.
Bertrand Russell

Aus den Wolken muss es fallen, aus der Götter Schoß, das
Glück. Und der mächtigste von allen Herrschern ist der
Augenblick.
Friedrich Schiller

Bedenke, dass die menschlichen Verhältnisse insgesamt
unbeständig sind, dann wirst du im Glück nicht zu fröhlich
und im Unglück nicht zu traurig sein.
Sokrates

Aus der Pflege glücklicher Gedanken und Gewohnheiten
entsteht auch ein glückhaftes Leben.
Norman Vincent Peale

Begehre nie ein Glück zu groß und nie ein Weib zu schön,
sonst könnte dir's in seinem Zorn der Himmel zugestehn.
Anonymus

Ausdauer und Geduld gewinnen des Glückes Huld.
Georg Johann von Keil

Bei allem Misslingen hofft meine ewig närrische Seele doch
immer das Unglaublichste. Wir lassen nicht vom Glück.
Rahel Antonie Friederike Varnhagen von Ense

Bei Lichte besehen, sind Ruhe und Glück überhaupt
dasselbe.
Theodor Fontane

Beim Anblick eines gewissen Elends empfindet man eine
Art Scham, glücklich zu sein.
Jean de la Bruyère

Besteht zwischen zwei Menschen völlige Natürlichkeit, so
darf ihr Glück für gegründet gelten. Zuneigung und andere
Gesetze des Seelenlebens machen es einfach zum größten
überhaupt möglichen Glück.
Henri Stendhal

Bevor man etwas brennend begehrt, sollte man das Glück
dessen prüfen, der es bereits besitzt. François de La Rochefoucauld

Bier ist der Beweis, dass Gott uns liebt und will, dass wir
glücklich sind.
Benjamin Franklin

Das äußere Glück ist nur Zufall, aber das innere Glück, das
baut sich ein jeder selbst.
Johann Kaspar Lavater

Das Bedürfnis zum Glücke ist uns doch der höchste Bürge
für dessen Existenz. Rahel Antonie Friederike Varnhagen von Ense

Das jedes Menschen Glückseligkeit in seinen Begriffen von
Glückseligkeit ruht, so ist es grausam, irgendeinen zwingen
zu wollen, gegen seinen Willen glücklich zu sein.
Adolph Freiherr von Knigge

Da streiten sich die Leut' herum oft um den Wert des Glücks
Der eine heißt den andern dumm, am End' weiß keiner nix.
Ferdinand Raimund

Das allerhöchste Glück genießt, wer stets mit sich zufrieden
ist. Dies Glück erreichst du jederzeit durch Ordnung und
durch Tätigkeit.
Heinrich Martin

Dann erst erkennen wir Menschen unser Glück, wenn wir
verloren haben, was einst unser war. Titus Maccius Plautus

Darum behaupte ich, dass die Freude das A und O des
glückselig gestalteten Lebens ist. Für uns bedeutet Freude:
Keine Schmerzen haben im körperlichen Bereich und im
seelischen Beeich keine Unruhe zu spüren. Epikur

Das Antlitz der Natur ist ein Ausdruck der Andacht. Wie die
Gestalt Jesu steht sie da mit geneigtem Haupt und den
Händen über der Brust gefaltet. Der glücklichste Mensch ist
derjenige, der von der Natur die Verehrung lernt.
Ralph Waldo Emerson

Dass andere Leute kein Glück haben, finden wir sehr
natürlich; dass wir selber keins haben, erscheint uns immer
unfassbar. Marie Freifrau von Ebner-Eschenbach

Das beste Glück, ein schöner Blick, ein kluger Scherz, ein
redlich Herz. Gaius Julius Caesar

Das Bewusstsein eines wohlverbrachten Lebens und die
Erinnerung vieler guter Taten sind das größte Glück auf
Erden. Marcus Tullius Cicero

Das Bewusstsein, in seiner Selbstprüfung aufrichtig zu sein,
ist die größte aller Formen des Glücks. Mengtse

Das Beste und meiste muss jeder sich selber sein und
leisten. Je mehr nun dieses ist und je mehr demzufolge er
die Quellen seiner Genüsse in sich selbst findet, desto
glücklicher wird er sein. Arthur Schopenhauer

Das durch Mühe erworbene Glück ist allein ein
wohltuendes. Es gewährt zugleich die Behaglichkeit eines
physischen Ausruhens.
Karl Ferdinand Gutzkow

Das einzige Gut ist die Tugend, die zwischen Glück und
Unglück einherwandelt und beide verachtet.
Lucius Annaeus Seneca

Das Elend ist nur der Schatten des Glücks, das Glück nur
der Mantel des Elends.
Laotse

Das Ende des Glücks ist ein Unglück,
und das Ende eines Unglücks ein Glück.
François de La Rochefoucauld

Das es den beschenkt, der's nicht verdient,
das bewundert die Welt am Glück.
Wilhelm Vogel

... dass es drei Arten von Gütern gibt, deren Verein erst das
Glück des Lebens begründet: äußere Güter, Güter des
Leibes und Güter der Seele.
Aristoteles

Das ganze Glück des Menschen besteht darin, bei anderen
Achtung zu genießen.
Blaise Pascal

Das ganze Leben wird dem Glücklichen zu kurz,
dem Leidenden nimmt eine Nacht kein Ende.   Friedrich Jakobs

Das Gefühl des Glücks zerschmettert den Menschen; er ist
nicht stark genug, es zu ertragen.   Jean-Jaques Rousseau

Das Gefühl von Glück und Fülle ist ganz unabhängig von wirklichem Erleben? Aber in welcher Sphäre liegt es dann, und warum ist es manchmal in uns und manchmal wieder unerreichbar? Franziska Gräfin zu Reventlow

Das Geheimnis des Glücks ist die Freiheit, das Geheimnis der Freiheit aber ist der Mut. Thukydides

Das Geheimnis eines glücklichen Lebens liegt in der Entsagung. Mahatma Gandhi

Das Glück befindet sich immer auf der Seite des größten Bataillons. Marie de Rabutin-Chantal Marquise de Sévigné

Das Glück besteht aus verschiedenem Unglück. Alphonse Karr

Das Geheimnis des Glücks liegt nicht im Besitz, sondern im Geben. Wer andere glücklich macht, wird glücklich. Andre Gide

Das Geld ist die menschliche Glückseligkeit in abstracto; daher, wer nicht mehr fähig ist, sie in concreto zu genießen, sein ganzes Herz an dasselbe hängt. Arthur Schopenhauer.

Das Glück besteht darin, dass man da steht, wo man seiner Natur nach hingehört. Selbst die Tugend- und Moralfrage verblasst daneben. Theodor Fontane

Das Glück besteht darin, in dem zu Maßlosigkeit neigenden Leben das rechte Maß zu finden. Leonardo da Vinci

Das Glück besteht darin, zu leben wie alle Welt und doch wie kein anderer zu sein.

Simone de Beauvoir

Das Glück besteht im schönen Fluss des Lebens.

Zenon

Das Glück besteht nicht in dem Reichtum und Luxus, der vielmehr ein krankhafter Zustand und die Quelle der Erschlaffung und des Verderbnisses ist; aber Wohlhabenheit und Tätigkeit sind seine Grundlagen, weil Trägheit des Lasters Anfang ist und Armut zur Armseligkeit führt.

August Boeckh

Das Glück besteht nicht darin, dass du tun kannst, was du willst, sondern darin, dass du immer willst, was du tust.

Leo Nikolajewitsch Tolstoi

Das Glück, das ist ein Vögelchen, es springt von Ast zu Ast.

aus Nordrhein-Westfalen

Das Glück bringt so einige Fehler in Ordnung, die selbst der Verstand nicht zu korrigieren wüsste. François de La Rochefoucauld

Das Glück, das dir am meisten schmeichelt, betrügt dich am ehesten.

Franz Kafka

Das Glück, das glatt und schlüpfrig rollt, tauscht in Sekunden seine Pfade, ist heute mir, dir morgen hold und treibt die Narren rund im Rade. Lass fliehn, was sich nicht halten lässt, den leichten Schmetterling lass schweben und halte dich nur selber fest; Du hältst das Schicksal und das Leben.

Ernst Moritz Arndt

Das Glück, das vor der Not kommt, ist ein verführender Engel. Das Glück, das hinter der Not kommt, ist ein tröstender Engel.

Johann Heinrich Pestalozzi

Das Glück des Bösen geht dahin wie ein Sturzbach.

Jean Baptiste Racine

Das Glück Deiner Tage wäge nicht mit der Goldwaage.
Willst du die Krämerwaage nehmen,
So wirst du dich schämen und bequemen.

Johann Wolfgang von Goethe

Das Glück deines Lebens hängt von der Beschaffenheit deiner Gedanken ab.

Marc Aurel

Das Glück der Erde liegt auf dem Rücken der Pferde, in der Gesundheit des Leibes und am Herzen des Weibes.

Friedrich von Bodenstedt

Das Glück des Lebens besteht nicht darin, wenig oder keine Schwierigkeiten zu haben, sondern sie alle siegreich und glorreich zu überwinden.

Carl Hilty

Das Glück des Mannes: Ich will.
Das Glück der Frau heißt: Er will.

Friedrich Wilhelm Nietzsche

Das Glück des Menschen beruht darauf, dass es für ihn eine undiskutierbare Wahrheit gibt.

Friedrich Wilhelm Nietzsche

Das Glück des Lebens stellt sich im Geleite der Tugend ein.

Aristoteles

Das Glück des Lebens setzt sich aus winzigen Kleinigkeiten zusammen – den kleinen, bald vergessenen Wohltaten eines Kusses oder Lächelns, eines freundlichen Blickes, eines von Herzen kommenden Kompliments, zahllosen, unendlichen kleinen Dosen angenehmer und belebender Freuden.

Samuel Taylor Coleridge

Das Glück des Menschen besteht in einem richtigen Verhältnis seiner Gemütseigenschaften und seiner Affekte, wenn eine wächst, so leiden alle anderen, daraus entstehen unzählige Mischungen.

Georg Christoph Lichtenberg

Das Glück des Menschen besteht weder im Physischen noch im Materiellen, sondern einzig in aufrechtem Sinn und kluger Umsicht.

Demokrit

Das Glück der Menschen ist, das zu lieben, was sie tun müssen. Auf diesem Prinzip ist die Gesellschaft nicht aufgebaut.

Claude Adrien Helvétius

Das Glück der Menschen liegt nicht in Geld und Gut, sondern es liegt im Herzen, das eine wahrhafte Liebe und Zuneigung hat.

Adolf Kolping

Das Glück des tätigen Lebens liegt im Wirken der Klugheit, durch das der Mensch sich selbst und andere regiert.

Thomas von Aquin

Das Glück – ein imaginäres Wort, ein Wesen nicht von dieser Welt.

Panagiotis Soutsos

Das Glück dient der Tüchtigkeit.

Arthur Wellesley Herzog von Wellington

Das Glück erkennt man nicht mit dem Kopf, sondern mit dem Herzen. aus Norwegen

Das Glück erstreckt seine Herrschaft über alle Dinge. Es erhebt die einen und stürzt die anderen, nicht nach Wert und Verdienst, sondern nach seiner Laune. Sallust

Das Glück erscheint niemandem so blind, wie denen, denen es nichts Gutes bringt. François de La Rochefoucauld

Das Glück erleuchtet die Klugheit. Luc de Clapiers Vauvenargues

Das Glück folgt meist denen, die es fliehen, und flieht die, die ihm folgen. Erasmus von Rotterdam

Das Glück gehört denen, die sich selbst genügen. Aristoteles

Das Glück geteilt mit Freunden ist uns doppelt süß. Euripides

Das Glück gibt vielen zuviel, aber keinem genug.
Marcus Valerius Martial

Das Glück gehört denen, die sich selbst genügen. Denn alle äußeren Quellen des Glückes und Genusses sind ihrer Natur nach höchst unsicher, misslich, vergänglich und dem Zufall unterworfen. Arthur Schopenhauer

Das Glück gleicht dem Balle; es steigt zum Falle. Anonymus

Das Glück gleicht dem Markte, wo oft, wenn man warten kann, die Preise fallen.

Sir Francis von Verulam Bacon

Das Glück gleicht oft den reichen, verschwenderischen Frauen, welche die Häuser ruinieren, denen sie eine große Mitgift zugebracht haben.

Nicolas Chamfort

Das Glück hält sich manchmal im Unbekannten versteckt.

Victor Marie Hugo

Das Glück hilft nur denen, die sich selbst helfen.

Sprichwort

Dass Glück ihm günstig sei, was hilft's dem Stöffel?
denn regnet's Brei, fehlt ihm der Löffel.

Johann Wolfgang von Goethe

Das Glück im Herzen und im Haus macht reicher als der beste Schmaus.

Sprichwort

Das Glück im Leben hängt von den guten Gedanken ab, die man hat.

Marc Aurel

Das Glück in dieser Welt besteht darin, nicht unglücklich zu sein. Man beachtet es nicht mit zwanzig Jahren, man weiß es mit sechzig.

Théodore Jouffroy

Das Glück ist blind.

Marcus Tullius Cicero

Das Glück ist blind, und blind auch müssen wir ihm folgen.

Johann Jakob Mohr

Das Glück ist blind, heißt es. Aber diejenigen, die ihm hinterherlaufen, sind auch blind. So ist Fortuna denn die Blinde unter Blinden.

Christian Friedrich Hebbel

Das Glück ist das einzige, was sich verdoppelt, wenn man es teilt.

Albert Schweitzer

Das Glück ist das neue Tor, vor dem der Unglückliche als Kuh dasteht.

Johann Nepomuk Nestroy

Das Glück ist der echte Prüfstein des Wertes oder des Unwertes des Menschen.

Heinrich Daniel Zschokke

Das Glück ist der Begleiter der Tüchtigkeit.

Anonymus

Das Glück ist der Vormund der Dummen.

aus Dänemark

Das Glück ist die Ausnahme von Regel und Gesetz und widerlegt darum keine und keins.

Christian Friedrich Hebbel

Das Glück ist die Liebe, die Lieb' ist das Glück, ich hab' es gesagt und nehm's nicht zurück.

Adelbert von Chamisso

Das Glück ist eigensinnig, oft das Gemeine, das Nichtswürdige zu adeln und wohlüberlegte Taten mit einem gemeinen Ausgang zu ehren.

Johann Wolfgang von Goethe

Das Glück ist ein Heuschober. Rupfe davon, so hast du.

Anonymus

Das Glück ist gemacht, um geteilt zu werden.

Jean Baptiste Racine

Das Glück ist ein Mosaikbild, das aus lauter unscheinbaren kleinen Freuden zusammengesetzt ist. Daniel Spitzer

Das Glück ist ein Nehmer und ein Geber. Sprichwort

Das Glück ist ein Mysterium wie die Religion und duldet kein Rationalisieren. Gilbert Keith Chesterton

Das Glück ist ein Rindvieh. aus Ungarn

Das Glück ist ein Zustand der Ruhe, der weder Vergnügen noch Schmerzen hervorbringt. Pierre Marc Gaston Duc de Lévis

Das Glück ist eine dumme Kuh, es läuft dem dümmsten Ochsen zu. Anonymus

Das Glück ist eine leichtfertige Person, die sich stark schminkt und von ferne schön ist. Johann Nepomuk Nestroy

Das Glück ist eine Sklavin des Fleißes. August von Kotzebue

Das Glück ist einfacher zu finden als zu behalten. Publius Syrus

Das Glück ist gut und fromm; gleich teilt es seine Gaben:
Die Reichen lässt es Furcht, die Armen Hoffnung haben.

John Owen

Das Glück ist geschwätzig. Sprichwort

Das Glück ist göttliche Gemeinschaft,
die Kraft dazu, der Mut, der Seele Klang. Gisela Grimm von Arnim

Das Glück ist hinter dem Pfluge. Johann Christian Friedrich Hölderlin

Das Glück ist im Grunde nichts anderes als der mutige
Wille, zu leben, indem man die Bedingungen des Lebens
annimmt. Maurice Barrès

Das Glück ist kein leichtes Ding. Nur sehr schwer finden wir
es in uns und anderswo gar nicht. Nicolas Chamfort

Das Glück ist kleinlich, das Unglück nicht. Anonymus

Das Glück ist mit Müdigkeit und Muskelkater billig erkauft.
Leo Tolstoi

Das Glück ist kugelrund, läuft einem in den Mund, dem
andern in den Strund, verändert sich allstund. Anonymus

Das Glück ist mehr auf der Seite des Angreifers als auf der
desjenigen, der sich verteidigt.. Niccoló Macchiavelli

Das Glück ist nicht außer uns und nicht in uns, sondern in
Gott, und wenn wir ihn gefunden haben, ist es überall.
Blaise Pascal

Das Glück ist nicht so launenhaft, als es scheint.
Das Unrecht ist nicht immer auf seiner Seite. Louis Adolph Thièrs

Das Glück ist nicht wie ein Gut, das einem gehört, sondern
eine Pacht, für die man immer wieder zahlen muss.
Leopold Ritter von Sacher-Masoch

Das Glück ist nur die Liebe, die Liebe ist das Glück.
Adalbert von Chamisso

Das Glück ist nur ein Traum, doch der Schmerz wirklich.
Voltaire

Das Glück ist unbeständig: schnell fordert es zurück, was es
gegeben hat. Publius Syrus

Das Glück ist unsere Mutter, das Missgeschick unser
Erzieher. Charles de Montesquieu

Das Glück ist wie das Glas. Je dünner es ist, desto mehr
strahlt es. Publius Syrus

Das Glück ist wie die Sonne. Ein wenig Schatten muss sein,
wenn's dem Menschen wohl werden soll. Otto Ludwig

Das Glück ist wie ein Brillengestell. Man sucht es, bis man
darauf tritt, und dann ist es hinüber. Annette von Droste-Hülshoff

Das Glück kann man nicht machen, man muss es nehmen,
wie es kommt, aber mit Verstand brauchen.
Johann Jakob Wilhelm Heinse

Das Glück ist verschwenderisch, aber unbeständig. Demokrit

Das Glück kann nicht wie ein mathematischer Lehrsatz
bewiesen werden, es muss empfunden werden, wenn es da
sein soll. Heinrich von Kleist

Das Glück kommt nicht ungerufen, man muss ihm
entgegengehen. Ugo Foscolo

Das Glück lässt sich nicht jagen von jedem Jägerlein;
Mit Wagen und Entsagen muss drum gestritten sein.
Joseph Victor von Scheffel

Das Glück läuft niemandem nach. Man muss es aufsuchen.
Adolf Kolping

Das Glück, kein Reiter wird's erjagen, es ist nicht dort und
ist nicht hier. Lern überwinden, lern entsagen, und ungeahnt
erblüht es dir. Theodor Fontane

Das Glück lenkt alles zum Vorteil seiner Günstlinge.
François de La Rochefoucauld

Das Glück liegt im Geschmack, nicht in er Sache, und der
Besitz dessen, was man selbst gern hat, nicht dessen, was
andere gern haben, macht glücklich. François de La Rochefoucault

Das Glück liegt nicht nur in den Extasen dar Liebe, sondern
auch in einer sehr tiefen geistigen Harmonie.
Fjodor Michailowitsch Dostojewskij

Das Glück liegt in uns, nicht in den Dingen.
François de La Rochefoucauld

Das Glück liegt woanders als in aufgetürmten
Talerscheinen.
Theodor Fontane

Das Glück tappt unter die Menge, fasst bald des Knaben
lockige Unschuld, bald auch den kahlen schuldigen
Scheitel.
Johann Wolfgang von Goethe

Das Glück trägt seinen Sturz in sich selbst.
Lucius Annaeus Seneca

Das Glück tritt gern in ein Haus ein, in dem Frohsinn
herrscht.
aus Japan

Das Glück und der Aufwand, den es mit sich bringt, macht
aus dem Leben eine Schaustellung, inmitten dessen der
ehrlichste Mensch auf die Dauer zum Komödianten werden
muss.
Nicolas Chamfort

Das Glück, wenn es mir recht ist, liegt in zweierlei: Darin,
dass man ganz da steht, wo man hingehört, und zum
Zweiten und Besten in einem behaglichen Abwickeln des
Alltäglichen, also darin, dass man ausgeschlafen hat, und
dass einen die neuen Stiefel nicht drücken.
Theodor Fontane

Das Glück, wie es dem sittlichen Wert der Großtat nichts
hinzufügt, bricht ihm auch nichts ab. Das historische Urteil
aber erfreut am Gück, das mit lautem Glockenschlag die
Rechtzeitigkeit der Tat von oben her bestätigt.
Alfred Wilhelm Dove

Das Glück und die Natur halten unsere Rechnung immer im Gleichgewicht, nie erzeigt sie uns eine Wohltat, dass nicht gleich ein Übel käme.
Niccolò Machiavelli

Das Glück, will's einmal glücken, hat einen langen Arm und einen breiten Rücken. Wenn einer aus den Brombeeren holpert In die Himbeeren stolpert.
Johann Peter Hebel

Das Glück wohnt nicht im Besitze und nicht im Golde, das Glücksgefühl ist in der Seele zu Hause.
Demokrit

Das große Glück besteht in einer außerordentlich glücklichen Familie. Der beste Weg, wirkliches Glück im Leben zu erlangen, ist der: Geh aus dir hinaus, ohne Bedachtsamkeit nach allen Seiten, wie eine Spinne; webe ein solides Gewebe aus dem Stoff Liebe und fange darin alles, was du triffst: ein altes Weib, ein Kind, ein Mädchen oder einen Polizisten.
Leo Nikolajewitsch Tolstoi

Das größte Geheimnis des Glücks besteht darin, mit sich selbst im Reinen zu sein.
Bernard Le Bovier de Fontenelle

Das größte Glück, das die Liebe zu geben vermag, liegt im ersten Händedruck der geliebten Frau.
Stendhal

Das größte Glück des Menschen ist, dass er selber Urheber seiner Glückseligkeit ist, wenn er fühlt, dass zu genießen, was er selber sich erworben hat.
Immanuel Kant

Das höchste Glück besteht in dem festen Willen, tugendhaft zu handeln.
Descartes

Das Glück widersetzt sich feigen Gebeten. Ovid

Das größte Glück und das größte Unglück sind nur kleine Abweichungen von dem Gewöhnlichen.
Johann Wolfgang von Goethe

Das höchste Glück des Menschen ist die Befreiung von der Furcht. Walther Rathenau

Das höchste Glück hat keine Lieder, der Liebe Lust ist still und mild. Ein Kuss, ein Blicken hin und wieder, und alle Sehnsucht ist gestillt. Johann Wolfgang von Goethe

Das höchste Glück ist das, welches unsere Mängel verbessert und unsere Fehler ausgleicht.
Johann Wolfgang von Goethe

Das höchste Glück ist die Harmonie der Seele mit sich selbst. Lucius Annaeus Seneca

Das ist der glücklichste Mensch, der das Ende seines Lebens mit dem Anfang in Verbindung setzen kann.
Johann Wolfgang von Goethe

Das letzte Ziel des Menschen ist das Glück. Thomas von Aquin

Das Leben kann kein anderes Ziel haben als das Glück, Freude. Nur dieses Ziel - Freude - ist des Lebens völlig würdig. Verzicht, das Kreuz, Hingabe des Lebens, alles für die Freude. Leo Tolstoi

Das menschliche Glück ist aus so vielen Teilen
zusammengesetzt, dass immer welche fehlen.

Jaques Bénigne Bossuet

Das Lebensglück wird in der Regel weit weniger durch
äußere Faktoren, als durch die herrschende
Grundstimmung des Gemütes bestimmt.   Gustav Rümelin

Das mühsam erlangte Glück wird doppelt genossen.

Baltasar Gracián y Morales

Das nenn ich Mannesprobe: Fest stehen im Missgeschick,
mißtrauisch bleiben im Lobe, demütig werden im Glück.

Julius Lohmeyer

Das Schönste auf Erden ist die Gerechtigkeit, das Beste die
Gesundheit, das Süßeste aber, wenn man erreicht, was
man begehrt.   Aristoteles

Das süßeste Glück, das es gibt, ist das des häuslichen
Lebens, das uns enger zusammenhält als ein anderes.
Nichts identifiziert sich stärker, beständiger mit uns als
unsere Familie, unsere Kinder.   Jean-Jacques Rousseau

Das schönste Glück des denkenden Menschen ist, das
Erforschliche erforscht zu haben und das Unerforschliche zu
verehren.   Johann Wolfgang von Goethe

Das sind die Starken, die unter Tränen lachen, eigene
Sorgen verbergen und andere glücklich machen.

Franz Grillparzer

Das tiefste Glück des Menschen liegt in seiner Einbildungskraft.   Donatien Alphonse François Marquis de Sade

Das Überraschende macht Glück   Friedrich von Schiller

Das Unglück ist's, worauf das Glück beruht; das Glück ist es, worauf das Unglück lauert.   Laotse

Das verdammte Glück! Ohne das kann man nicht einmal ein guter Spitzbube sein.   Gotthold Ephraim Lessing

Das Vergleichen ist das Ende des Glücks und der Anfang der Unzufriedenheit.   Søren Kierkegaard

Das wahre Glück kann nichts anderes sein, als sich hinzugeben, ohne sich zu verlieren, weil man sich wiederfindet in etwas Besserem, als man selbst ist.   Paul von Heyse

Das Vergnügen kann auf der Illusion beruhen, doch das Glück beruht allein auf der Wahrheit.   Nicolas Chamfort

Das verlässlichste Glück dieses Lebens ist das nichtige Glück der Illusion.   Giacomo Graf Leopardi

Das Volk versteht sich besser auf sein Glück;
Kein Schein verführt sein sicheres Gefühl.   Friedrich von Schiller

Das vollkommene Glück hat wenig Gedanken.   Arthur Stahl

Das vollkommene Glück ist unbekannt. Für den Menschen ist es nicht geschaffen.
Voltaire

Das wahre Glück baut sich jeder nur dadurch, dass er sich durch seine Gefühle vom Schicksal unabhängig macht
Friedrich Wilhelm Christian Carl Ferdinand Frhr.v. Humboldt

Das wahre Glück, das Eigentum der Weisen, stehet fest, indes Fortunas Kugel rollt.
Christoph Martin Wieland

Das wahre Glück des Menschen ist eine zarte Blume; tausenderlei Ungeziefer umschwirret sie; ein unreiner Hauch tötet sie.
Jeremias Gotthelf

Das wahre Glück kennt nur der, dem alles, was die Liebe gewähren kann, von einer einzigen Frau geschenkt wird.
Anonymus

Das wahre Glück kostet nicht viel. Wenn es teuer ist, ist es von schlechter Qualität.
Francois-Rene Vicomte de Chateaubriand

Das weitaus schönste Glück ist das plötzliche.
Sophokles

Das Wenigste gerade, das Leiseste, das Leichteste, einer Eidechse Rascheln, ein Hauch, ein Husch, ein Augenblick – wenig macht die Art des besten Glücks.
Friedrich Wilhelm Nietzsche

Das Wissen macht uns weder besser, noch glücklicher.
Heinrich von Kleist

Das wissen alle Menschen, und du vor allem solltest es wissen, den es eine lange Erfahrung gelehrt hat, dass das höchste Glück ein Zustand voller Mühen und Sorgen, ja das Elend selber ist.

Francesco Petrarca

Das Wunderbarste an den Wundern ist, dass sie manchmal wirklich geschehen.

Gilbert Keith Chesterton

... dass es drei Arten von Gütern gibt, deren Verein erst das Glück des Lebens begründet: äußere Güter, Güter des Leibes und Güter der Seele.

Aristoteles

Das wahre Glück ist die Genügsamkeit.

Johann Wolfgang von Goethe

Dauerndes Glück ist Langeweile.

Oswald Spengler

Dein Bestes Glück, o Menschenkind, berede dich mitnichten, dass es erfüllte Wünsche sind, es sind erfüllte Pflichten!

Karl Gerok

Dein Glück ist heute gut gelaunt,
doch fürchte seinen Unbestand.

Friedrich von Schiller

Deine erste Pflicht ist, dich selber glücklich zu machen. Bist du glücklich, so machst du auch andere glücklich. Der Glückliche kann nur Glückliche um sich sehen.

Ludwig Feuerbach

Dem, der ein Bein gebrochen hat, kann man dadurch sein Unglück doch erträglicher machen, wenn man ihm zeigt, dass es leicht hätte das Genick treffen können.

Immanuel Kant

Dem entflohenen Glücke muss man nicht nachsehen; es ist hinten missgestaltet, und wenn es das Gesicht wendete, würdest eine Furie zu erblicken glauben. Friedrich Schleiermacher

Deine erste Pflicht ist, dich selbst glücklich zu machen. Bist du glücklich, so machst du auch andere glücklich.
Ludwig A. Feuerbach

Dem Glück bezahl ich meine Schuld. Friedrich von Schiller

Dem Menschen sei nicht erlaubt, sein Glück durch eine Missetat zu sichern. Graf Vittorio Alfieri

Dem Glücklichen schlägt kein Gewissen. Wilhelm Busch

Dem Unersättlichen in jeglichem Genuss wird selbst das Glück zum Überdruss. Ludwig Bechstein

Dem Tapferen hilft das Glück! Simonides

Den einen gibt, den anderen nimmt das Glück. Menander

Den Guten nenne ich glücklich. Wer aber Unrecht tut, den nenne ich unglücklich. Platon

Den meisten gilt in späten Tage als Inbegriff des Glücks das Kind. Sie wissen, dass sie glücklich waren, erst dann wenn sie es nicht mehr sind. Albrecht Graf Wickenburg

Den Samen legen wir in ihre Hände; ob Glück, ob Unglück aufgeht, lehrt das Ende.

Friedrich von Schiller

Den nur erwarten Täuschungen auf dieser Erde, der das Glück außer sich selbst sucht, der den Gütern des Lebens einen so hohen Preis setzt, dass er sie auf Kosten seiner Ruhe zu erringen sucht.

Fritz Reuter

Den Schmerz vertraut man nur dem Freund, das Glück teilt man mit jedem.

Otto Ludwig

Denn das Glück, geliebt zu werden, ist das höchste Glück auf Erden.

Herder

Denn das Glück ist nicht nur selber blind, es macht fast immer auch diejenigen blind, die es in seine Arme schließt.

Marcus Tullius Cicero

Denn die Glückseligkeit muss von dem Glücke unterschieden werden.

Aristoteles

Denn dunkel ist des Glückes launenhafter Gang, ein ungreifbar, unergründlich Rätselspiel.

Euripides

Denn jeder hofft doch, dass das Glück ihm lache. Allein das Glück, wenn's wirklich kommt, ertragen, ist keines Menschen, wäre Gottes Sache.

August Graf von Platen Hallermund

Denn sie wollen das, was zu ihrem Glücke beiträgt, aber sie suchen es, wo es nicht ist.

Epiktet

Denn wenn ich auch nicht ganz bestreiten will, dass es Pechvögel gibt, so gilt doch vom Glück im Ganzen dasselbe wie vom Gold: Es liegt auf der Strasse, und der hat's, der's zu finden und aufzuheben versteht.

Theodor Fontane

Denn worum geht es eigentlich? Um das Glücklichsein. Was tut es dann, ob man klug ist oder dumm?

Voltaire

Der allgemeine Gegenstand des menschlichen Verlangens ist das Glück.

Claude-Adrien Helvetius

Der Anblick eines wahrhaft Glücklichen macht glücklich.

Johann Wolfgang von Goethe

Der Besitz macht uns nicht halb so glücklich, wie uns der Verlust unglücklich macht.

Jean Paul

Der Blinde sitzt im stillen Tal und atmet Frühlingsluft, ihm bringt ein Hauch mit einem Mal des ersten Veilchens Duft. Um es zu pflücken, steht er auf, sucht, bis die Nacht sich naht, und ahnt nicht, das in irrem Lauf sein Fuß es längst zertrat.

Friedrich Hebbel

Der einzig und allein gerechte und einzig und allein zu rechtfertigende Endzweck des Staates ist: Das größte Glück der größten Zahl.

Jeremy Bentham

Der Erfolg ist und bleibt nur ein Einzelbestandteil des Glücks, und wenn alle übrigen Glücksmomente ihm geopfert werden müssen, ist er zu teuer erkauft.

Bertrand Russell

Der Eine empfindet in einem verflossenen Glück seinen Besitz, der Andere seinen Verlust. Friedrich Wilhelm Nietzsche

Der Feldherr und der Staatsmann schaffen ebenso wenig wie der geschickteste Spieler den Glücksfall, aber sie bereiten ihn vor, suchen ihn herbeizuholen und scheinen ihn fast zu bestimmen. Jean de La Bruyére

Der Gegenstand der Forschung, die der Philosoph betreibt, ist das Glück des Menschen. Claude Adrien Helvétius

Der Geist, der sich gewöhnt, seine Freuden aus sich selbst zu schöpfen, ist glücklich. Demokrit

Der Gipfel der Glückseligkeit ist, keine Glückseligkeit mehr zu erstreben. Dschuang Dsi

Der Gipfel des Glücks ist es, geliebt zu werden von einer schönen Seele, der Gipfel des Ruhms, bewundert zu werden von einem großen Geist. Théodore Jouffroy

Der Glückliche, der Behagliche hat gut reden, aber schämen würde er sch, wenn er einsähe, wie unerträglich er dem Leidenden wird. Johann Wolfgang von Goethe

Der Glückliche ist mit sich und seiner Umgebung einig. Oscar Wilde

Der Glückliche stirbt beizeiten, und stirbt er nicht, dann stirbt sein Glück. aus Schweden

Der Glücklichste stirbt unter Wünschen. Ewald Christian von Kleist

Der Glücksgaul liebt das Ausschlagen. aus Lettland

Das hat gut tanzen, dem das Glück aufspielt. Sprichwort

Der hat nie das Glück gekostet, der's in Ruh genießen will.
Karl Theodor Körner

Der Herr gab Glück zu allem, was er tat. Die Bibel, 1.Mose 39,23

Der ist am glücklichsten, er sei ein König oder ein Geringer,
dem in seinem Hause Wohl bereitet ist.
Johann Wolfgang von Goethe

Der Himmel atmet durch alle Glieder eine gemeinschaftliche
Glückseligkeit. Wenn aber jeder die Gaben des Glücks in
gleichem Maße besäße, und wenn jeder dem anderen
gleich wäre, müssten nicht alle in Streit geraten? Wenn
demnach die Glückseligkeit allen Menschen zugedacht war,
so konnte sie Gott nicht in äußerliche Dinge setzen.
Alexander Pope

Der ist beglückt, der sein darf, was er ist. Friedrich von Hagedorn

Der ist ein Glücklicher, der, wenn er sich zur Ruhe
niederlegt, sich darauf freut, wieder aufzuwachen.
Richard Rothe

Der Mann genießt das Glück, das er empfindet, die Frau das Glück, das sie verschafft. Pierre Ambroise F. Choderlos de Laclos

Der meiste Schatten im Leben rührt daher, dass wir uns selbst in der Sonne stehen. Ralph Waldo Emerson

Der Mensch erfährt, er sei auch, wer er mag, ein letztes Glück und einen letzten Tag. Johann Wolfgang von Goethe

Der Mensch lebt in einer ewigen Furcht vor seinem Glück. Es tritt ihm schon als Kind entgegen, und er entzieht sich der liebenden Gewalt, er möchte gern sich selbst versuchen und durch eigene Kraft das erringen, was ihm ein freundliches Geschick früh mit auf die Welt gab.
Sophie Bernhardi

Der Mensch fürchtet den Tod nur, weil er noch nicht glücklich genug gewesen ist; im höchsten Glück möchte er gleich hinsterben. Karl August Varnhagen von Ense

Der Mensch ist nun einmal nicht dazu geboren, auf Erden ein vollkommenes Glück zu genießen. Erasmus von Rotterdam

Der Mensch kann wohl die höchsten Gipfel erreichen, aber verweilen kann er dort nicht lange. George Bernard Shaw

Der Mensch meint oft, er ginge seinem Glück entgegen, und auf seinem Wege steht vielleicht das Unglück. Heinrich Heine

Der Mensch muss dass Recht suchen und das Glück kommen lassen. Johann Heinrich Pestalozzi

Der Mensch strebt nicht nach Glück, nur der Engländer tut das.
Friedrich Nietzsche

Der Mensch vermehrt sein Glück in dem Maße, in welchem er es anderen verschafft.
Jeremy Bentham

Der Mensch wird durch's Leid erst gehärtet, um das Glück ertragen zu können; so wie der Ton im Feuer gebrannt wird, um Wasser fassen zu können.
Aurelius Augustinus

Der Natur liegt bloß unser Dasein, nicht aber unser Wohlsein am Herzen.
Arthur Schopenhauer

Der Pfad des Glückes gleicht der Milchstrasse am Himmel, die eine Anhäufung oder ein Knäuel von einer Anzahl kleiner, nicht einzeln wahrnehmbarer, doch im Verein lichtstrahlender Sterne ist.
Sir Francis von Verulam Bacon

Der Sinn des menschlichen Lebens ist das Glück.
Aristoteles

Der Tugendhafte ist weise, der Weise ist gut. Der Gute ist glücklich.
Anicius Boethius

Der verdient, das man ihn glücklich preise, der der Götter milde Gaben weise nutzt und unverdientes Missgeschick mutig trägt.
Horaz

Der Versuch, den Himmel auf Erden zu verwirklichen, produzierte stets die Hölle.
Karl R. Popper

Der Weg zum Glück besteht darin, sich um nichts zu sorgen, was sich unserem Einfluss entzieht.
Epiktet

Der Weise ist sich selbst genug, um glücklich zu leben, nicht um überhaupt zu leben.

Lucius Annaeus Seneca

Der Weise trägt das Glück bei sich.

Sprichwort

Der Wind, der durch die Welt die Jugend treibt, sich Glück wo anders, als daheim, zu suchen, wo uns Erfahrung spärlich reift.

William Shakespeare

Des Glückes Welle hebt, die Welle stürzt den Hohen und den Niederen immerzu; kein Seher weiß, wann sie zur Ruhe kommt.

Sophokles

Des Menschen Glück ist nicht an seine Kraft, sondern an seine Laune geknüpft.

Christian Friedrich Hebbel

Des Menschen Wille, das ist sein Glück.

Friedrich von Schiller

Des menschlichen Lebens letztes Ziel ist Glückseligkeit. Der Name Glückseligkeit meint die äußere Vollendung der geistigen Natur. „Mensch auf dem Wege" heißt eines deswegen, weil er zur Glückseligkeit strebt, „Mensch am Ziel" aber heißt einer deswegen, weil er die Glückseligkeit schon erreicht hat.

Thomas von Aquin

Der weiße Lotus wurzelt im Schlamm und schwimmt strahlend rein auf dem Wasser. Ebenso weilt der Bodhisattva unbefleckt in der Welt.

Shantideva

Des Weibes Herz kennt nur ein Glück auf Erden.
Das Glück heißt: lieben und geliebt zu sein.   Michel Beer
Dich, liebste Freundin, anzusehen, genügt mir, um glücklich
zu sein.   Mönch von Salzburg

Die Anschauung von einem Glück, welches in einem
Verharren, in einem bestimmten Zustand bestände, ist an
sich falsch.   Jakob Burckhardt

Die Absicht, dass der Mensch glücklich sei, ist im Plan der
Schöpfung nicht enthalten.   Sigmund Freud

Die Art, wie man Ereignisse des Lebens nimmt, hat ebenso
wichtig Anteil an unserem Glück und Unglück wie diese
Ereignisse selbst.
        Friedrich Wilhelm Christian Carl Ferdinand Frhr.v. Humboldt

Die Aufhebung der Religion als des illusorischen Glücks des
Volkes ist die Forderung seines wirklichen Glücks.   Karl Marx

Die Begriffe von Glück sind so verschieden, wie die
Genüsse und Sinne, mit welchen sie genossen werden.
                    Heinrich von Kleist

Die Beschaffenheit des Glücks eines Mannes liegt
hauptsächlich in seinen eigenen Händen.   Francis Bacon

Die besten Dinge im Leben sind nicht die, die man für Geld
bekommt.   Albert Einstein

Die Ehe ist ein Versuch, zu zweit wenigstens halb so glücklich zu werden, wie man allein gewesen ist. Oscar Wilde

Die Entdeckung eines neuen Gerichtes macht die Menschheit glücklicher als die Entdeckung eines neuen Sterns. Jean Anthelme Brillat-Savarin

Die eigentliche Gussform des Glücks liegt in der eigenen Hand. Sir Francis von Verulam Bacon

Die Empörung über das Unglück des Anderen ist der männlich Bruder des Mitleidens. Friedrich Nietzsche

Die Erde ist ein Himmel, wenn man Frieden sucht, recht tut und wenig wünscht. Johann Heinrich Pestalozzi

Die Erinnerungen an vergangenes Glück sind die Narben der Seele. Xavier de Maistre

Die Erinn'rung reinen Glücks bleibt so schön wie Gegenwart. Joseph Victor von Scheffel

Die erste Sorge des Menschen sei nicht, wie er glücklich, sondern der Glückseligkeit würdig werde. Immanuel Kant

Die erste Wirkung des Glückes ist das Gefühl der Macht. Friedrich Nietzsche

Die Fähigkeit, Freundschaft zu gewinnen, ist unter allem, was Weisheit zur Glückseligkeit beitragen kann, bei weitem das Bedeutendste. Epikur

Die erste Bedingung für Glück ist, in einer strahlenden Stadt geboren zu sein.

Euripides

Die Gaben des Glücks und der Natur sind nicht so selten, wie die Kunst, sie zu genießen.

Luc de Clapiers Vauvenargues

Die ganze Familienideologie ist ein sehr regressives Konzept. Die großen Werke der Weltliteratur handeln nicht von Familienglück, sondern von Familienhorror. Jack Nicholson

Die gefährlichste Klippe im Leben eines Künstlers ist die Heirat, besonders eine sogenannte glückliche Heirat.

Anselm Feuerbach

Die Genüsse sind und bleiben negativ. Dass sie beglücken, ist ein Wahn, den der Neid zu seiner eigenen Strafe hegt. Die Schmerzen hingegen werden positiv empfunden. Daher ist ihre Abwesenheit der Maßstab des Lebensglückes. Kommt zu einem schmerzlosen Zustand noch die Abwesenheit der Langeweile, so ist das irdische Glück im wesentlichen erreicht.

Arthur Schopenhauer

Die Gegenwart des Elenden ist dem Glücklichen zur Last. Und ach! Der Glückliche dem Elenden noch mehr

Johann Wolfgang von Goethe

Die Gesinnung adelt den, dem es vergönnt ist, sich aus jedem Stande über das Glück zu erheben.

Lucius Annaeus Seneca

Die Glücklichen sind neugierig. Friedrich Nietzsche

Die glücklichen Sklaven sind die erbittertsten Feinde der Freiheit. Marie von Ebner Eschenbach

Die glücklichsten Liebschaften basieren auf gegenseitigem Missverständnis. François de La Rochefoucauld

Die Glückseligkeit besteht in dem glücklichen Leben, das glückliche Leben im tugendhaften Leben. Aristoteles

Die Glückseligkeit besteht in der heiteren Ruhe des Gemütes, die der Mensch nur durch die Beherrschung seiner Begierden erlangen kann. Demokrit

Die Glückseligkeit der Geister ist der Hauptzweck Gottes, und dass er diesen Zweck verwirklicht, soweit es die allgemeine Harmonie zulässt. Gottfried Wilhelm Freiherr von Leibniz

Die Glückseligkeit gleicht dem Koks: Sie ist ein Nebenprodukt. Aldous Huxley

Die Göttin des Glücks kommt nur dann, wenn sie Lust dazu hat. Buddha

Die Göttin des Glückes ist nicht nur selber blind, sondern meistens macht sie auch diejenigen blind, die sie umgarnt hat. Marcus Tullius Cicero

Die größte Krankheit der menschlichen Glückseligkeit ist die Ungewissheit. Um sie loszuwerden, kann man schon ein wenig Unglück ertragen.
Laurentius Laurentii Laurinus

Die größten Freuden entspringen aus dem Anschauen schöner Werke.
Demokrit

Die große Kunst glücklich zu sein besteht nur darin, gut zu leben.
Jean-François Ducis

Die Gunst der Zeit ist nicht zu bannen,
am schnellsten flieht das höchste Glück.
Friedrich Martin von Bodenstedt

Die Heiterkeit allein ist gleichsam die bare Münze des Glückes und nicht wie alles andere bloß der Bankzettel.
Arthur Schopenhauer

Die Hoffnung ist ein viel größeres Stimulans des Lebens als irgendein Glück.
Friedrich Nietzsche

Die höchste Form des Glücks ist ein Leben mit einem gewissen Grad an Verrücktheit.
Erasmus von Rotterdam

Die Höhe der Gunst des Glückes wird oft durch die Kürze ihrer Dauer aufgewogen; denn das Glück wird es müde, einen so lange auf den Schultern zu tragen.
Baltasar Gracián y Morales

Die in uns liegenden Glücksquellen sind größer als die in äußeren Dingen.
Metrodorus von Chios

Die Klugen haben wahrhaftig lange nicht so viel
Behaglichkeit in die Welt gebracht und so viele Glückliche
drin gemacht, wie die Einfältigen.

Wilhelm Raabe

Die Kraft des Menschen ist das einzig wahre Fundament
seines Glücks.

Johann Heinrich Pestalozzi

Die meisten Menschen machen das Glück zur Bedingung.
Aber das Glück findet sich nur ein, wenn man keine
Bedingungen stellt.

Arthur Rubinstein

Die meisten Menschen sind so glücklich, wie sie es sich
selbst vorgenommen haben.

Abraham Lincoln

Die meisten Menschen sind, um glücklich zu sein, entweder
nicht gescheit oder nicht dumm genug.

Hans Krailsheimer

Die meisten Menschen sind unglücklich, weil sie vom Glück
zu viel verlangen. Der Ehrgeiz ist der größte Feind des
Glücks, denn er macht blind.

Jean-Paul Belmondo

Die Menschen kommen durch nichts den Göttern näher, als
wenn sie Menschen glücklich machen.

Marcus Tullius Cicero

Die Menschen lieben sich selbst, alle wollen glücklich
werden.

Claude Adrien Helvètius

Die Menschen sind nicht von gleicher Art, darum ist auch
das nicht gleich, was sie Glück nennen.

Herman von Schmid

Die Menschen, wie sie einmal sind, wollen nur mit dem
Glücklichen verkehren; dem Unglücklichen gehen sie

vorsichtig aus dem Wege; denn sagen sie mit Recht, wer nicht fähig ist, sein eignes Glück zu machen, wie sollte der fähig sein, andern Glück zu bringen?

Herrmann Markgraf

Die Natur hat gewollt, dass der Mensch keiner anderen Glückseligkeit oder Vollkommenheit teilhaftig werde, als die er sich selbst, frei vom Instinkt, durch eigene Vernunft verschafft hat.

Immanuel Kant

Die Menschen suchen ihr Glück, ohne zu wissen, auf welche Art sie es finden können: Wie Betrunkene ihr Haus suchen, im unklaren Bewusstsein, eins zu haben.

Voltaire

Die Natur hat dafür gesorgt, dass es, um glücklich zu leben, keines großen Aufwandes bedarf; jeder kann sich selbst glücklich machen.

Lucius Annaeus Seneca

Die neidischen Menschen sind doppelt schlimm dran: Sie ärgern sich nicht nur über das eigene Unglück, sondern auch über das Glück der Anderen.

Hippius

Die Notwendigkeit, nach wahrem Glück zu streben, ist die Grundlage der Freiheit.

John Locke

Die Qual ist dort, wo man wohnt, und das Glück, wo man nicht ist.

Evariste de Parnys

Die Regeln des Glücks: Tu etwas, liebe jemanden, hoffe auf etwas.

Immanuel Kant

Die Seele bekommt alles Einförmige satt, auch das vollkommene Glück.

Henri Stendhal

Die Stunde füllen - das ist Glück.   Ralph Waldo Emerson

Die Selbstzufriedenheit ist in Wahrheit das Höchste, was
man erhoffen kann.   Benedictus Spinoza

Die Stimme des Fleisches spricht: Nicht hungern, nicht
dürsten, nicht frieren. Wer das besitzt oder darauf hoffen
darf, der könnte sogar mit Zeus an Glückseligkeit wetteifern.
     Epikur

Die Tür des Glückes geht nicht nach innen auf, dass man
auf sie zueilen und aufstoßen könnte, sondern nach außen,
und darum hat man nichts zu tun.   Søren Kierkegaard

Die Sonne geht an keinem Dorf vorüber.   aus Afrika

Die Tiere empfinden wie der Mensch Freude und Schmerz,
Glück und Unglück.   Charles Darwin
Die Tugend ist nur das Verlangen nach dem Glück der
Menschen.   Claude Adrien Helvétius

Die Uhr schlägt keinem Glücklichen.   Friedrich von Schiller

Die uns gespendete Liebe, die wir nicht als Segen und
Glück empfinden, empfinden wir als eine Last.
     Marie von Ebner-Eschenbach

Die Unbeständigkeit des Glücks ist unser Glück.
     Christian Wernicke

Die unvernünftigen Tiere sind zudem fast durchgängig von Natur und Glück besser ausgerüstet als die Menschen.

Plutarch

Die wahren Lebenskünstler sind bereits glücklich, wenn sie nicht unglücklich sind.

Jean Anouilh

Die Weisheit also macht, dass die Menschen in allen Dngen Glück haben.

Platon

Diese Welt, dachte ich, wäre kaum auszuhalten. Aber diese Welt, in der unaufhörlich nach Glück gestrebt wird, die voll ist von Glücksofferten, lauter Glücksartikeln zu Tagespreisen und von erster Marke, Glück durch Nagelpflege und Klangmöbel, Glück durch Busen, Ventilation und Vitamine, durch Wunscherfüllungen, Rasierwasser und seelische Entschlackung - sie lässt sich ertragen von einem Augenblick an, in dem man den Wahn besiegt hat, des Morgens müsse ein Glück neben der Uhr auf dem Tisch liegen.

Gerd Gaiser

Die Weltgeschichte ist nicht der Boden des Glücks. Die Perioden des Glücks sind leere Blätter in ihr.

Georg Friedrich Hegel

Die Welt wird nie das Glück erlauben, als Beute wird es nur erhascht. Entwenden musst du's, oder rauben, eh dich die Missgunst überrascht.

Friedrich von Schiller

Die zarte, schöne Welt, schön anzuschaun, zart empfinden ist das Glück, und Glück im Herzen schützt vor allem Unglück.

Leopold Schefer

Die Zufriedenheit des Menschen entspringt entweder dadurch, dass er viele Annehmlichkeiten oder dass er nicht viel Neigungen in sich hat aufkommen lassen und also durch wenig erfüllte Bedürfnisse zufrieden ist. Immanuel Kant

Diejenigen, die nicht mit Aufmerksamkeit den Bewegungen ihrer eigenen Seele folgen, geraten notwendig ins Unglück.
Marc Aurel

Dieses ewige Beinahe, das ist das Verhängnis, das Charakteristische meiner Natur. Ich war beinah verheiratet, wäre beinahe Schauspieler geworden, bin beinahe ein geschätzter Schriftsteller und verdiene beinahe eine Unmenge Geld. Mit diesem Beinahe hat man aber nicht viel Glück, am wenigsten bei Frauen, die in ihrem berechtigten Realismus wenig Empfänglichkeit für das Beinahe haben.
Frank Wedekind

Doch eh ein Mensch vermag zu sagen: schaut!
Schlingt gierig ihn die Finsternis hinab.
So schnell verdunkelt sich des Glückes Schein. Shakespeare

Doch nicht verzagt! Die Welt ist nicht so grau, Fortuna zwar ist nicht ganz echt von Farbe, indes sie ist ja auch nicht eure Frau. Sie schlägt die Wunde, aber heilt die Narbe. Lord Byron

Doch Fortunas schnelles Rad bringt abwechselnd Glück und Unglück. Armianus Marcellinus

Drücke den Pfeil nicht zu schnell ab,
der nimmer zurückkehrt!
Glück zu zerstören, ist leicht,
wiederzugeben so schwer. Johann Gottfried von Herder

Drum, geht auch ein düstrer Moment durch's Leben,
ist's licht im Herzen, wird's bald wieder hell,
und wer sich den fröhlichen Stunden ergeben,
der ist dem Glück ein willkommener Gesell. Karl Theodor Körner
Doch wer einst glücklich war und nun ins Elend stürzt,
kommt nie zur Ruh, wenn er des frühen Glückes gedenkt.
Euripides

Dort, wo du nicht bist, ist das Glück.
Georg Philipp Schmidt von Lübeck

Du bist zu schnell gelaufen für dein Glück. Nun, da du müde
wirst und langsam gehst, holt es dich ein.
Friedrich Wilhelm Nietzsche

Du suchst das Paradies und wünschst hineinzukommen,
wo du von allem Leid und Unfried bist entnommen?
Befriedige dein Herz und mach es rein und weiß,
so bist du selbst noch hier dasselbe Paradeis. Angelus Silesius

Du wirst es zu nichts Tüchtigem bringen bei deines Grames
Träumereinen, die Tränen lassen nichts gelingen, wer
schaffen will, muss fröhlich sein. Wohl Keime wecken mag
der Regen, der in die Scholle niederbricht, doch golden
Korn und Erntesegen reift nur heran bei Sonnenlicht.
Theodor Fontane

Durch die Individualität des Menschen ist das Maß seines
möglichen Glücks im voraus bestimmt. Arthur Schopenhauer

Durch nichts nähern sich Menschen dem Himmel mehr als
durch Beglückung von Menschen. Marcus Tullius Cicero

Durch Reflexion lässt sich kein Glück schaffen. Johann J. Mohr

Ein altes Wort bewährt sich leider auch an mir: Das glück und Schönheit dauerhaft sich nicht vereint.
Johann Wolfgang von Goethe

Ein Anfang ist kein Meisterstück, doch guter Anfang halbes Glück. Anastasius Grün

Ein Augenblick des Glücks wiegt Jahrtausende des Nachruhms auf. Friedrich II. der Große

Ein bescheidenes Glück – die beste Form des Glücks.
Theodor Fontane

Ein Fußgänger ist ein glücklicher Autofahrer, der einen Parkplatz gefunden hat. Joachim Fuchsberger

Ein ganzes Unglück verdrießt uns nicht so sehr wie ein nur zur Hälfte eingetroffenes Glück. Karl Ferdinand Gutzkow

Ein Glück, das nicht von Zeit zu Zeit vom Vergnügen belebt wird und über das Vergnügen nicht seine Wonnen ausbreitet, ist weniger ein wahres Glück als ein Zustand, eine ruhige Lage: das ist ein trauriges Glück. Denis Diderrot

Ein glücklicher Mensch bin ich in meinem Leben nur selten gewesen. Wenn ich die mehrfachen Minuten wahren Glücks zusammenzähle, so kommen wohl nicht mehr als vierundzwanzig Stunden im ganzen heraus. Otto von Bismarck

Ein Glück, das man nie gekannt, zu entbehren, tut nicht weh, weh aber, ein Glück zu verlieren, an das man gewöhnt war.　Thukydides

Ein glückliches Leben besteht immer in erster Linie in der Freiheit von Sorgen.　Marcus Tullius Cicero

Ein glückliches Leben muss zum größten Teil ein ruhiges Leben sein, denn wahre Freude kann nur in ruhiger Atmosphäre gedeihen.　Bertrand Russell

Ein Glückwunsch ist die Artigkeit der Missgunst.　Ambrose Gwinneth Bierce

Ein großes Glück ist eine Posaune der Ewigkeit und sollte jeden Menschen aufmerksam machen.　Theodor Gottlieb von Hippel

Ein lang anhaltendes Glück ist allemal verdächtig.　Baltasar Gracián y Morales

Ein Hauptstudium der Jugend sollte sein, die Einsamkeit ertragen lernen, weil sie eine Quelle des Glücks und der Gemütsruhe ist.　Arthur Schopenhauer

Ein jeder hat seine eigne Art, glücklich zu sein, und niemand darf verlangen, dass man es in der seinigen sein soll.　Heinrich von Kleist

Ein jeder Platz, besucht vom Aug' des Himmels, ist Glückes Hafen einem weisen Mann.　William Shakespeare

Ein jeder Wechsel schreckt den Glücklichen: Wo kein
Gewinn zu hoffen, droht Verlust.   Friedrich von Schiller

Ein jedes Glück ist demjenigen vergänglich, der nicht in sich
selbst den Himmel trägt und schon aus sich allein die
Quellen strömen lässt, die seinen Durst nach Seligkeiten
stillen.   Karl Ferdinand Gutzkow

Ein jeglicher versucht sein Glück, doch schmal nur ist die
Bahn zum Rennen.   Friedrich von Schiller

Ein langes Glück verliert schon allein durch seine Dauer.
                                        Georg Christoph Lichtenberg

Ein Mensch, der nur an sich denkt und in allem seinen
Vorteil sucht, der kann nicht glücklich sein.Lucius Annaeus Seneca

Ein Narr hat Glück in Masse,
wer klug, hat selten Schwein.   Wilhelm Busch

Ein Mensch ist so glücklich, wie er es beschließt zu sein.
                                                Abraham Lincoln

Ein reicher Mann ist oft nur ein armer Mann mit sehr viel
Geld.   Aristoteles Onassis

Ein tiefer Fall führt oft zu hohem Glück.   William Shakespeare

Ein Tropfen Glück ist mehr als ein Fass Geist.
                                                Diogenes von Sinope

Ein ungestörtes Glück verlangen, Heißt Mondeslicht mit Netzen fangen, den Sonnenstrahl mit Ketten fesseln und Rosen fordern von den Nesseln. Otto von Leixner

Ein wahrer Freund trägt mehr zu unserem Glück bei, als tausend Feinde zu unserem Unglück. Marie von Ebner Eschenbach

Eine anständige Frau ist eine, die nicht (oder nicht mehr) imstande ist, mehr als nur einen Mann unglücklich zu machen. Henry de Montherland

Eine fixe Idee habe ich gehabt, nämlich die, dass ich mein Glück nur mir verdanken will. Ich bin radikal geheilt davon, denn zu lebhaft empfind ich's jetzt, dass man gerade zum größten Glück ein zweites Wesen nötig hat, dem man's verdankt. Johann Nepomuk Nestroy

Eine Frau, die mit einem Archäologen verheiratet ist, darf sich glücklich schätzen, denn je älter sie wird, desto interessanter wird sie für ihren Mann.
Agatha Christie

Ein wenig Hilfe will das Glück gern haben. aus Nowegen

Eine glückliche Ehe: eine Ehe, in der die Frau ein bisschen blind und der Mann ein bisschen taub ist. Gordon Dean

Einen glücklichen Menschen zu finden ist besser als eine Fünfpfundnote. Er ist der Inbegriff strahlender Freundlichkeit, und wenn er den Raum betritt, so scheint es, als wäre eine Kerze angezündet worden. Robert Louis Stevenson

Eine Göttin wurde das Glück, weil Menschen es wollten.
Niemand spräche von ihr, traute nur jeder sich selbst.

Friedrich Ludewig Bouterwek

Einem herumschweifenden Jäger begegnet ein herum-
schweifendes Tier.

aus Afrika

Einen Schuss Wüste braucht der Mensch - um des Glücks
der Oase willen.

Martin Kessel

Einen Tropfen Glück möchte ich haben oder ein Fass
Verstand.

Menander

Einen üppigen Tisch stellt das Glück hin, einen
ausreichenden die Mäßigkeit.

Demokrit

Eines zu sein mit allem, das ist Leben der Gottheit, das ist
der Himmel des Menschen. Eines zu sein mit allem, was
lebt, in seliger Selbstvergessenheit wiederzukehren ins All
der Natur, das ist der Gipfel der Gedanken und Freuden.

Friedrich Hölderlin

Einzelnen Glückskindern regnet freilich zuzeiten das Glück
zum Dache hinein, Völker und Nationen sind und werden im
allgemeinen nie glücklicher, als sie es verdienen.

Johann Heinrich Pestalozzi

Er hat in seinem Leben viel Glück gehabt, und ist doch
niemals glücklich gewesen. Grabinschrift des Dichters Franz Dingelstedt

Endlos liegt die Welt vor deinen Blicken, und die Schifffahrt selbst ermisst sie kaum; doch auf ihrem unermessnen Rücken ist für zehn Glückliche nicht Raum. *Friedrich von Schiller*

Entlasse das Glück, das dir als Sklave hat gedient, eh es sich zürnend selbst befreit, es hasst die Treu und keinem dient es bis ans Ende. *Friedrich von Schiller*

Er hat, dachte ich, eine gute Zigarre zu seinem Kaffee. Diese Verbindung ist äußerst behaglich, und das Behagen ist immerhin eine mindere Form des Glücks. Mit der muss man sich unter Umständen begnügen. *Thomas Mann*

Erfasse das Glück des Lebens im Fluge: Es kommt nicht zurück. *Friedrich Martin von Bodenstedt*

Ergründe, ergrabe, ergreife das Glück, entflohen, entflogen, kommt's nimmer zurück *Johann Wolfgang von Goethe*

Es fehlt einem niemals an Gründen, wenn man sein Glück gemacht hat, einen Wohltäter oder alten Freund zu vergessen, und man erinnert sich mit Unwillen all dessen, was man über ihre Launen verschweigen musste. *Luc de Clapiers Vauvenargues*

Erwarte das Glück schlafend. *aus Japan*

Erst die Erinnerung muss uns offenbaren die Gnade, die das Schicksal uns verlieh. Wir wissen stets nur dass wir glücklich waren, doch dass wir glücklich sind, wissen wir nie. *Johann Wolfgang von Goethe*

Es bedarf größerer Tugenden, das Glück zu ertragen als das Unglück. François de la Rochefoucauld

Es geht mit unserem Glück wie mit Gemälden. Die Nähe drängt zu gewaltig auf uns; wir müssen in der gehörigen Entfernung stehen, um die Schönheit recht zu fühlen und zu genießen. Sophie Mereau

Es gibt auf der Welt keinen noch so glücklichen Menschen, der nicht glaubt, es gebe einen noch glücklicheren. aus China

Es gibt bei beiden Geschlechtern solche Raub- und Wechseltiere, die nur dann glücklich sind, wenn sie erst ein fremdes Glück zerstört haben. Gottfried Keller

Es gibt ein Glück, allein wir kennen's nicht. Johann Wolfgang von Goethe

Es gibt für die Individuen wie für politische Körperschaften nur einen Augenblick des Glücks und der Macht, man muss ihn ergreifen, denn das Glück lässt einem nicht zweimal die Wahl im Lauf eines Lebens; und wer den Augenblick nicht nutzt, erhält in der Folge nur die traurige Weisung des Unglücks. Anne Louise Germaine de Stael

Es gibt Gezeiten im Leben des Menschen, und weiß er die Flut zu nutzen; dann hebt sie ihn empor zum Glück. William Shakespeare

Es gibt kaum ein beglückenderes Gefühl, als zu spüren, dass man für andere Menschen etwas sein kann. Dietrich Bonhoeffer

Es gibt kein Glück im Wohlstand, durch Leiden wird das Glück erkauft.

Fjodor Dostojewski

Es gibt kein vollkommnes Glück.

Horaz

Es gibt kein Licht, das nur sich selber leuchtet. Ein jedes Glück erhellt die Welt.

Hans Margolius

Es gibt kein unbedingtes und ungetrübtes Glück, das länger als fünf Minuten dauert.

Theodor Fontane

Es gibt kein wahres Glück, als mit der Menschlichkeit sich froh bescheiden, als nicht beneidet sein und nicht beneiden.

Friedrich Halm

Es gibt kein Wunder für den, der sich nicht wundern kann.

Marie von Ebner-Eschenbach

Es gibt keinen Weg zum Glück – Glücklich sein ist der Weg.

Buddha

Es gibt keinen Zufall in der Regelung der menschlichen Dinge, und Glück ist ein Wort ohne Sinn.

Jacques Bénigne Bossuet

Es gibt Menschen, die bringen alles an schönen und heroischen Taten fertig, nur eines nicht: sich zu enthalten, den Unglücklichen von ihrem Glück zu erzählen.

Mark Twain

Es gibt niemanden, den das Glück nicht mindestens einmal im Leben besucht. Aber wenn es ihn nicht bereit findet zum Empfang, kommt es zur Tür herein und geht zum Fenster hinaus.

Giuseppe Renato Imperiali

Es gibt mehr Leute, die kapitulieren, als solche, die scheitern.

Henry Ford

Es gibt nichts bedrohlicheres als das Glück, und jeder ausgetauschte Kuss kann eine Feindschaft hervorrufen.

Maurice Maeterlinc

Es gibt nur eine Leidenschaft, nämlich glücklich zu sein.

Denis Diderot

Es gibt nur einen angeborenen Irrtum, und es ist der, dass wir da sind, um glücklich zu sein.

Artur Schopenhauer

Es gibt nur einen Weg, eine glückliche Ehe zu führen, und sobald ich erfahre, welcher das ist, werde ich erneut heiraten.

Clint Eastwood

Es gibt tausende von Dingen, Ereignissen, Szenen, in jedem, auch dem glücklichsten Leben, die viel besser gewesen wären; am meisten wohl die „glücklichen Erinnerungen" – weil auch Glück ranzig wird.

Prentice Mulford

Es gibt nur einen Weg zum Glück, und der bedeutet, aufzuhören mit der Sorge um Dinge, die jenseits der Grenzen unseres Einflussvermögens liegen.

Epiktet

Es gibt Regeln für das Glück: Denn für den Klugen ist nicht alles Zufall. Die Bemühung kann dem Glücke nachhelfen.

Baltasar Gracián y Morales

Es gibt zwar ein großes Glück, aber kein langes Glück.

Friedrich Wilhelm Nietzsche

Es gibt wenige Frauen, welche fähig sind, den Mann um des Genius willen zu lieben. Es ist die Person und der Erfolg, was sie begehren.

Anselm Feuerbach

Es gibt zwei Arten von Missgeschick: das eigene Pech und das Glück der anderen.

Ambrose Bierce

Es gibt zwei Wege, um glücklich zu sein: Wir verringern unsere Wünsche oder vergrößern unsere Mittel .... Wenn du weise bist wirst du beides gleichzeitig tun.

Benjamin Franklin

Es ist das Glück ein flüchtig Ding und war's zu allen Tagen.

Emmanuel Geibel

Es ist ja das große Glück, den Wurm dann zu spüren, wenn er noch vernichtet werden kann.

Bernhard von Clairvaux

Es ist bekannt, dass die Nase niemals glücklicher ist, als wenn sie in anderer Leute Angelegenheiten steckt. Daraus haben einige Physiologen geschlossen, dass ihr der Geruchssinn fehle.

Ambrose Bierce

Es ist des Unglücks eigentliches Unglück, dass selten drin der Mensch sich rein bewahrt.

Franz Grillparzer

Es ist das wahre Glück an keinen Stand gebunden.

Friedrich von Hagedorn

Es ist ein unsägliches Glück, irgendwo in der Fremde zu Hause zu sein, denn es ist eine Synthese unserer beiden Sehnsüchte: nach der Wanderschaft und nach der Heimat – eine Synthese von Werden und Sein. Georg Simmel

Es ist eine eigene Sache, dass, wenn man gar nicht an Glück oder Unglück denkt, sondern nur an strenge, sich nicht schonende Pflichterfüllung, das Glück sich von selbst, auch bei entbehrender und mühevoller Lebensweise einstellt. Friedrich Wilhelm Christian Karl Ferdinand Frhr.v. Humboldt

Es ist gut, die Glücklichen dieser Welt hin und wieder wissen zu lassen, und wäre es auch nur, um ihren törichten Hochmut ein wenig zu schmälern, dass es ein höheres glück gibt als das ihre, umfassender und erlesener.
Charles Baudelaire

Es ist entsetzlich, fürchterlich und sinnlos, sein Glück an materielle Bedingungen zu knüpfen. Oscar Wilde

Es ist förderlich für die Gesundheit, deshalb beschließe ich, glücklich zu sein. Voltaire

Es ist komisch, dass kein Mensch mit Esprit ein Glück möchte, das auf Dummheit gegründet ist, und doch ist es klar, dass man dabei einen guten Tausch machen würde.
Voltaire

Es ist keine Kunst, ein Mädchen zu verführen, aber ein Glück, eines zu finden, das es wert ist, verführt zu werden.
Søren Kierkegaard

Es ist merkwürdig, dass das, was man für gewöhnlich Erlebnisse nennt, in meinem Leben so wenig Rolle spielt. Ich habe, glaube ich, auch welche. Aber sie scheinen mir gar nicht das Hauptsächlichste im Leben, sondern das, was zwischen ihnen liegt, der tägliche Kreislauf der Tage, das ist für mich das Beglückende.

Paula Modersohn-Becker

Es ist närrisch, heute unglücklich zu sein, nur weil du es in der Zukunft vielleicht einmal sein wirst.

Lucius Annaeus Seneca

Es ist nicht leicht, Glück mit Anstand zu tragen.

aus Großbrittannien

Es ist nur ein Weg, glücklich zu werden, nämlich der, der Stimme seines Gefühls, seines Herzens zu folgen. – Gott hat tief in unsere Seele und Herz die schönen Lignamente eingegraben, denen man nur folgen muss, um auf dem rechten Weg zu bleiben.

Königin Luise von Preußen

Es ist nicht schwer, Menschen zu finden, die mit 60 Jahren zehnmal so reich sind, als sie es mit 20 waren. Aber nicht einer von ihnen behauptet, er sei zehnmal so glücklich.

George Bernard Shaw

Es ist nichts widerwärtiger, als ein Dummkopf, der Glück hat.

Marcus Tullius Cicero

Es ist schon lange einer meiner Grundsätze, dass die kleinsten Dinge bei weitem die wichtigsten sind.

Sir Arthur Conan Doyle

Es ist schön, den Augen dessen zu begegnen, den man soeben beschenkt hat.

Jean de la Bruyère

Es ist schwer, das Glück in uns zu finden, und es ist ganz unmöglich, es anderswo zu finden. Nicolas Chamfort

Es ist sinnlos zu sagen: Wir tun unser Bestes. Es muss dir gelingen, das zu tun, was erforderlich ist. Winston Churchill
Es ist umsonst, dass dir das Glück gewogen ist, wenn du nicht selbst erkennst, wie sehr du glücklich bist.

Andreas Tscherning

Es ist und bleibt ein Glück, vielleicht das Höchste, frei atmen zu können. Theodor Fontane

Es ist unmöglich, dass einer nicht am glücklichsten ist, wenn er ganz von sich selbst abhängt, und in sich allein alles hat.

Marcus Tullius Cicero

Es ist unmöglich, die Menschen glücklich zu machen. Ihre eigene Natur duldet es nicht. Alles, was man erreichen kann, ist eine allgemeine, mäßige Unzufriedenheit, bei möglichst hoher Sicherheit des Daseins.

Johannn Nepomuk Nestroy

Es ist unmöglich, einen Mann, dem durch seine Art zu verfahren viel geglückt ist, zu überzeugen, er könnte gut daran tun, anders zu verfahren. Daher kommt es, dass das Glück eines Mannes wechselt, denn die Zeiten wechseln, er aber wechselt nicht sein Verfahren. Niccoló Macchiavelli

Es kann nicht geleugnet werden, dass äußerliche Zufälle großen Einfluss auf das Glück haben: Gunst der Mächtigen, glücklicher Zufall, der Tod anderer, Gelegenheit sich auszuzeichnen. Allein zu guter letzt muss jeder sein Glück mit seinen eignen Händen prägen. Jeder ist seines Glückes

Schmied, sagt der Dichter. Und die häufigste der äußerlichen Ursachen ist die, dass die Torheit des einen des andern Glück macht, da niemand so schnell vorwärts kommt als durch Fehler anderer. Sir Francis von Verulam Bacon

Es ist unrecht und falsch, dem Glück das Prädikat „launisch" und „unbeständig" anzuhängen. Nicht das Glück – wir sind es, die täglich unseren Begriff von Glück wechseln und ändern. Anonymus

Es ist weise, das Glück wahrzunehmen, das unser Herrgott einem zuschickt. Giovanni Boccaccio

Es kann unterhaltend sein, sein Glück zu machen; man ist stets voll Hoffnung. Charles de Montesquieu

Es kostet Kunst, sich selbst zu überreden, dass man glücklich ist. Gotthold Ephraim Lessing

Es liegt aber das Glück nicht in den Dingen, sondern in der Art und Weise, wie sie zu unseren Augen, zu unsern Herzen stimmen; und ein Ding ist einem viel wert, was ein anderer mit keinem Finger anrühren möchte. Jeremias Gotthelf

Es scheint, dass das Glück immer mit demjenigen ist, der sich nicht darauf verlässt. Emil Oesch

Es scheint schwerer, einen Mann zu finden, der das Glück, als einen, der das Unglück gut erträgt. Denn das Glück flößt den meisten Übermut ein, das Unglück Besonnenheit. Xenophon

Es war ein flüchtiger Blick weit zurück in das arkadische Leben, oder noch weiter zurück in das Goldene Zeitalter, bevor die Menschheit mit Sünde und Kummer beladen und das Vergnügen von jenen Schatten verdunkelt war, die es überhaupt erst plastisch und zum Glück machen.

Nathaniel Hawthorne

Es stimmt, dass Geld nicht glücklich macht. Allerdings meint man damit das Geld der anderen.

George Bernard Shaw

Es wird dem glücklichen Gemüte zugesprochen, wenn wir die ganze Lebenszeit mit einen gesunden Geist in einem gesunden Körper durchlaufen können.

Baruch de Spinoza

E s ziemt sich nicht, auf das gegenwärtige Glück zu vertrauen.

Titus Livius

Fast alles begehren wir als Mittel, ausgenommen die Glückseligkeit. Denn sie ist das Ziel.

Aristoteles

Es stirbt der Glücklichste wünschend.

Ewald Christian von Kleist

Fast überall wo es Glück gibt, gibt es Freude am Unsinn.

Friedrich Nietzsche

Formel meines Glücks: ein Ja, ein Nein, eine gerade Linie, ein Ziel.

Friedrich Nietzsche

Fortuna hat ihren Thron auf einem Felsen, aber die Braven fürchten nicht zu klimmen.

Sir Walter Scott

Fortuna lächelt, doch sie mag nur ungern voll beglücken; schenkt sie uns einen Sonnentag, schenkt sie uns auch Mücken.
Wilhelm Busch

Fortuna setzt uns auf ein Rad. Wer heut den Lustsitz oben hat, liegt morgen unten. Bist du klug, so schick dich in den Betrug.
Julius Wilhelm Zincgref

Fortuna ist ein Weib, und wenn man sie unterwerfen will, muss man mit ihr streiten und mit ihr kämpfen.
Niccoló Macchiavelli

Frage dich, ob du glücklich bist, und du hörst auf, es zu sein.
John Stuart Mill

Frauen versuchen ihr Glück. Männer riskieren es. *Oscar Wilde*

Freiheit von allen Illusionen ist das Glück der Hoffnungslosen.
Ludwig Marcuse

Freudvoll und leidvoll, gedankenvoll sein, hangen und bangen in schwebender Pein, himmelhoch jauchzend, zu Tode betrübt, glücklich allein ist die Seele, die liebt.
Johann Wolfgang von Goethe

Freundschaft und Liebe erzeugen das Glück des menschlichen Lebens wie zwei Lippen den Kuss, welcher die Seele entzückt.
Christian Friedrich Hebbel

Für den Mittelmäßigen ist mittelmäßig sein ein Glück.
Friedrich Nietzsche

Frohgemut nimm, was die Sekunde schenkt und – weg mit dem Ernste!

Horaz

Für wie selbstsüchtig man den Menschen auch halten mag, es gibt nachweislich einige Grundlagen seines Wesens, die dazu führen, dass er sich für das Schicksal anderer interessiert, deren Glück ihm notwendig erscheint, obwohl er nichts davon hat außer dem Vergnügen, es zu sehen.

Adam Smith

Ganz glücklich in der Gegenwart hat sich noch nie ein Mensch gefühlt, er wäre denn betrunken gewesen.

Arthur Schopenhauer

Geben und nehmen kann uns das Glück, was wir hoffen und lieben; aber die Hoffnung beherrscht, so wie die Liebe, das Glück.

Friedrich Ludewig Bouterweck

Geküsster Mund verliert nicht sein Glück, vielmehr erneuert er sich wie es der Mond tut.

Giovanni Boccaccio

Geflügelt ist das Glück und schwer zu binden, nur in verschloss'ner Lade wird's bewahrt. Das Schweigen ist zum Hüter ihm gesetzt. Und rasch entfliegt es, wenn Geschwätzigkeit voreilig wagt, die Decke zu erheben.

Friedrich von Schiller

Geld allein macht nicht glücklich. Es gehören auch noch Aktien, Gold und Grundstücke dazu.

Danny Kaye

Genieße dein Glück! Die Kunst, sich zu erfreuen, ist für den
Sterblichen die Kunst, beglückt zu sein. *Danny Kaye*

Genieße, was dir das Glück gönnt,
und such, dir's zu erhalten. *Johann Wolfgang von Goethe*

Genug zu haben, ist Glück, mehr als genug zu haben, ist
unheilvoll. Das gilt von allen Dngen, aber besonders vom
Geld. *Laotse*

Gestehe, dass ich glücklich bin! *Friedrich von Schiller*

Gesunder Menschenverstand ist rar im Glück. *Juvenal*

Gesundheit ist Glück, so sagt der Kranke; Reichtum ist
Glück, sagt der Arme; Weisheit ist Glück, sagt der
Philosoph; und sie haben alle Recht. Unglück aber ist
gewiss, das nicht erreichen zu können, was man bedarf.
Fanny Lewald

Gewiss ist der allein glücklich und groß, der weder
herrschen noch zu gehorchen brauchte, um etwas zu sein.
Johann Wolfgang von Goethe

Gib jedem Tag die Chance, der schönste deines Lebens zu
werden. *Mark Twain*

Gib deinem Sohne Glück und wirf ihn ins Meer. *aus Spanien*
Glaube an dein Glück, so wirst du es erlangen. *Ali ibn Abi-Talib*

Glück aber, welches auch sei,
gibt Luft, Licht und freie Bewegung. *Friedrich Wilhelm Nietzsche*

Glück besteht in der Kunst, sich nicht zu ärgern, dass der Rosenstrauch Dornen trägt, sondern sich zu freuen, dass der Dornenstrauch Rosen trägt.

aus Arabien

Glück achtet nicht auf die Zeit.

Alexander Gribojedow

Glück bedeutet eine gute Gesundheit und ein schlechtes Gedächtnis.

Ingrid Bergman

Glück bedeutet, keine Schmerzen im Körper und keine Sorgen im Geist zu haben.

Thomas Jefferson

Glück besteht aus einem hübschen Bankkonto, einer guten Köchin und einer tadellosen Verdauung.

Jean-Jacques Rousseau

Glück betört mehr Leute als Unglück.

Martin Luther

Glück besteht in der Mannigfaltigkeit des angenehmen Empfindens, daher kann sich ein Bauer nicht so glücklich fühlen wie ein Philosoph.

Samuel Johnson

Glück, das ist einfach eine gute Gesundheit und ein schlechtes Gedächtnis.

Ernest Hemingway

Glück ein Leben lang! Niemand könnte es ertragen; es wäre die Hölle auf Erden.

George Bernard Shaw

Glück entsteht oft durch Aufmerksamkeit in kleinen Dingen,
Unglück oft durch Vernachlässigung kleiner Dinge.

Wilhelm Busch

Glück erhebt sich aus Unglück, aber Unglück ist bereits im
Glück verborgen.

Laotse

Glück fängt mir an, wetterwendisch zu werden.

Johann Wolfgang von Goethe

Glück geht wohl auch im Krebsgang.

aus Holland

Glück gleicht durch Höhe aus, was ihm an Länge fehlt.
Robert Frost

Glück, Glück! Wer will sagen, was du bist und wo du bist?

Theodor Fontane

Glück! Hafen der Leidenschaften! Beharrlich glauben sie, du
bist ein blühender Zustand, und bist doch nur der Duft der
Blume Vergänglichkeit.

Orfanidis Theodoros

Glück hat auf Dauer doch zumeist wohl nur der Tüchtige.

Helmuth Karl Bernhard Graf von Moltke

Glück hat niemals ein Maß.

Lucius Annaeus Seneca

Glück hat Tück.

Sprichwort

Glück hängt nicht davon ab, wer du bist oder was du hast;
es hängt nur davon ab, was du denkst.

Dale Carnegie

Glück heißt seine Grenzen kennen und sie lieben.

Romain Rolland

Glück hilft denen nicht, die sich nicht selber helfen. Anonymus

Glück ist alles, was die Seele durcheinander rüttelt.

Arthur Schnitzler

Glück ist das Einzige, was sich verdoppelt, wenn man es teilt. aus China

Glück ist das Einzige, was wir anderen geben können, ohne es selbst zu besitzen. Carmen Sylva

Glück ist das Maß für die kleinste Zeiteinheit im Leben eines Menschen. Gerd Uhlenbruck

Glück ist das Wissen darum, dass du nicht notwendigerweise Glück brauchst. William Sarroyan

Glück ist dem Menschen gefährlicher als Unglück, dieses hält ihn wachsam, jenes macht ihn gleichgültig.

Charles-Louis de Montesquieu

Glück ist das Wohlgefühl, das sich einstellt, wenn man das Elend eines anderen betrachtet. Ambrose Gwinneth Bierce

Glück ist die Ausnahme von der Regel, also in der Regel eine Ausnahme.

Gerhard Uhlenbruck

Glück ist die Erfüllung von Kinderwünschen. Sigmund Freud

Glück ist die Fähigkeit zum Verzicht. Lucius Annaeus Seneca

Glück ist die Poesie der Frauen. Honoré de Balzac

Glück ist die Bescheidenheit, mit der der Wurm nicht weiter strebt zu kriechen, als seine Kraft ihn trägt.

Christian Dietrich Grabbe

Glück ist die Summe von hundert Negationen des Unglücks – plus Glück; das Glück wird weniger bemerkt. Ludwig Marcuse

Glück ist die Vielfalt der Bewussteseinsinhalte. Samuel Johnson

Glück ist eigentlich nur der Wille zum Glücklichsein.

Georg Christoph Lichtenberg

Glück ist ein Buckel, der schwer zu tragen ist. aus Russland

Glück ist ein flüchtiges Gut, das man im Augenblick erfährt, kein Zustand für die Ewigkeit. Armin Mueller-Stahl

Glück ist ein Entschluss. Réne Descartes

Glück ist ein illusorischer Zustand, ein sich Anklammern an Vergängliches.

John Knittel

Glück ist ein Parfüm, das du nicht auf andere sprühen kannst, ohne selbst ein paar Tropfen abzubekommen.

Ralph Waldo Emerson

Glück ist Frieden.

Franz Freiherr von Dingelstedt

Glück ist ein Wunderding. Je mehr man gibt, desto mehr hat man.

Germaine de Staël-Holstein

Glück ist eine andere Bezeichnung für Willensstärke.

Ralph Waldo Emerson

Glück ist Gegenwart ohne Denken.

Oswald Spengler

Glück ist gesättigter Stolz.

Michael Jurjewitsch Lermontow

Glück ist gut für den Körper, aber Kummer stärkt den Geist.

Marcel Proust

Glück ist gute Gesundheit und ein schlechtes Gedächtnis.

Albert Schweitzer

Glück ist kein Geschenk der Götter, sondern die Frucht innerer Einstellung.

Erich Fromm

Glück ist kein Geschenk Gottes, es ist ein Darlehen.

Theodor Fontane

Glück ist, was jeder sich als Glück gedacht.

Friedrich Halm

Glück ist Liebe, nichts anderes. Wer lieben kann, ist glücklich.

Hermann Hesse

Glück ist keine Sache für sich, es ist lediglich ein Gegensatz zu dem, was unerfreulich ist. Das ist der ganze Trick.

Mark Twain

Glück ist meist nur ein Sammelname für Tüchtigkeit, Klugheit, Fleiß und Beharrlichkeit.

Charles Kettering

Glück ist nicht in einem ewig lachenden Himmel zu suchen, sondern in ganz feinen Kleinigkeiten, aus denen wir unser Leben zurechtzimmern.

Carmen Sylva

Glück ist ohne Frieden nicht.

Adolf Müllner

Glück ist recht wie ein Ball: Wer steiget, soll fürchten den Fall.

Bernhard Freidank

Glück ist Selbstgenügsamkeit.

Aristoteles

Glück ist Talent für das Schicksal.

Novalis

Glück ist, wenn man dafür geliebt wird, wie man eben ist.

François Lelord

Glück ist, was passiert, wenn Vorbereitung auf Gelegenheit trifft.

Lucius Annaeus Seneca

Glück ist wie die Sonne. Ein wenig Schatten muss sein,
wenn es dem Mensch wohl werden will. Otto Ludwig

Glück ist wie eine Sonne, die eine Zahl von Trabanten um
sich hat: Behagen, Vergnügen, Lust, Zufriedenheit, Freude,
Seligkeit, Heil. Ludwig Marcuse

Glück ist wie ein kleiner, lebhafter Hund, der mit dem
Schwanz wedelt. Glück kann aber auch sein, einen kleinen,
traurigen Hund zu streicheln, so dass er anfängt, mit dem
Schwanz zu wedeln! Willy Breinholst

Glück ist wie ein Schmetterling. Will man es einfangen, so
entwischt es einem immer wieder. Doch wenn du geduldig
abwartest, lässt es sich vielleicht von selbst auf deiner Hand
nieder. Nathaniel Hawthorne

Glück ist zuerst und vor allen Dingen das stille, frohe,
sichere Gefühl der Schuldlosigkeit. Henrik Ibsen

Glück kennt man nicht, drinnen man geboren;
Glück kennt man erst, wenn man es verloren.
Friedrich Freiherr von Logau

Glück kann man nur festhalten, indem man es weitergibt.
Werner Mitsch

Glück kommt nie zu spät. Michael Drayton

Glück kann menschliches Bemühen nur ergänzen, nicht
ersetzen. Henriette Wilhelmine Hanke

Glück lässt sich finden, behalten ist Kunst. Sprichwort

Glück, sie nennen dich blind und werden nicht müde zu schelten. Frage doch endlich zurück: Könnt ihr denn selber auch sehn? Christian Friedrich Hebbel

Glück liegt in der Geschwindigkeit des Fühlens und Denkens. Friedrich Wilhelm Nietzsche

Glück liegt nicht darin, dass man tut, was man mag, sondern mag, was man tut. Sir James Matthew Barrie

Glück liegt nur in dem Bewusstsein, das wir von ihm haben, und keineswegs darin, wie die Zukunft ihr Versprechen hält. George Sand

Glück macht Mut. Johann Wolfgang von Goethe

Glück macht wenig Freunde. Luc de Clapiers Vauvenargues

Glück regiert das Leben, nicht Weisheit. Marcus Tullius Cicero

Glück sollte nicht zu leicht und nicht zu schwer zu erringen sein. Giacomo Casanova

Glück strahlt zurück wie das Licht des Himmels. Washington Irving

Glück und Erfolg werden einem nur vergeben, wenn man großmütig einwilligt, beides zu teilen. Albert Camus

Glück und Glas, wie schimmern sie nicht,
die zerbrechlichen, beide! Nütze sie beide.
Nur Freund, baue kein gläsernes Haus.

Friedrich Ludewig Bouterwek

Glück und Gras, wie bald wächst das. Anonymus
Glück und Liebe, beide sind blind;
welch ein Wunder also, wenn sie sich finden. Johann Jakob Mohr

Glück und Regenbogen sieht man nicht über dem eigenen
Haus, sondern nur über fremdem.

Sprichwort

Glück und Glas, wie leicht bricht das.

Publilius Syrus

Glück und Ruhm: so unbeständig jenes, so dauerhaft ist
dieser: jenes für das Leben, dieser nachher. Baltasar Gracián

Glück und Schmerzlosigkeit müssen wir dankbar annehmen
und genießen, aber nie fordern. Wilhelm von Humboldt

Glück und Unglück der Menschen hängen nicht weniger von
ihrem Gemüt als von ihrem Schicksal ab.

François de La Rochefoucauld

Glück und Unglück gehen gewöhnlich dahin, wo schon das
meiste davon ist. Anonymus

Glück und Unglück sind meiner Meinung nach zwei
souveräne Mächte. Es ist Torheit, anzunehmen, dass
menschliche Klugheit die Rolle des Glückes spielen könnte.

Michel Montaigne

Glück und Unglück sind nicht an die einzelne Person gebunden, sondern das Gute und Böse, das der Himmel schickt, hängt von den Tugenden und Lastern ab. Konfuzius

Glück und Unglück sind zwei Zustände, deren äußere Grenzen wir nicht kennen. John Locke
Glück und Unglück sind zu unserem Besten.Arthur Schopenhauer

Glück und Unglück trägt man im Herzen. Demokrit

Glück und Unglück tragen einander auf dem Rücken.
Sprichwort

Glück und Unglück verliert von seinem Wert, wenn es den Kreis der inneren Empfindung verlässt.
Friedrich Wilhelm Christian Carl Ferdinand Freiherr von Humboldt

Glück und Unglück sind die Namen für zwei Gegenstände, deren äußere Grenze wir nicht kennen. John Locke

Glück und Unglück wandern miteinander. Im Unglück wird der Mensch erprobt, im Glück der Unmensch.
Gottlieb Moritz Saphir

Glück und Zufall sind zwei sinnlose Wörter. Friedrich II., der Große
Glück verbreiten wir nur da, wo wir nicht an unser eigenes denken. Karl Ferdinand Gutzkow

Glück verheißend allein ist friedvolles Tun, Unglück verheißend das Handwerk des Krieges. Laotse

Glück widerfährt dir nicht - Glück findet der, der danach
sucht. aus Marokko

Glücklich der Mensch, glücklich er allein, der das Heute
ganz besitzen kann, der in sich ruhend sagen kann: Das
Morgen, sei es noch so schlimm, ich hab heut gelebt. Horaz
Glück wird durch den Magen bewirkt. Voltaire

Glück zieht immer noch mehr Glück an, wie ein Magnet.
Sylvia Plath

Glück zu ertragen ist nicht jedermanns Sache. Aristoteles

Glücklich allein ist die Seele, die liebt. Johann Wolfgang v. Goethe

Glücklich bin ich, wenn einer glücklich ist, den ich liebe.
Anonymus

Glücklich der, welcher die Gründe der Dinge zu erkennen
vermochte. Vergil

Glücklich hat nur der gelebt, der ganz im Verborgenen
gelebt hat. Rene Descartes

Glücklich die Besitzenden! Euripides

Glücklich hat gelebt, wer in glücklicher Verborgenheit lebte.
Ovid

Glücklich ist der, der stirbt, bevor er den Tod gerufen hat.

Francis Bacon

Glücklich ist derjenige, der sein Dasein seinem besonderen Charakter, Wollen und Willkür angemessen hat und so in seinem Dasein sich selbst genießt.

G.W. Friedrich Hegel

Glücklich ist man, wenn man aus dem Zustand der Gesundheit in den der Weisheit übergeht.

Joseph Joubert

Glücklich ist nicht derjenige, den die Leute so nennen, der über das große Geld verfügt, sondern der, dessen Hab und Gut geistiger Natur ist; er ist aufrecht, von erhabener Gesinnung, verachtet, was man allgemein bewundert, kennt keinen, mit dem er tauschen möchte, beurteilt einen Menschen nur nach seinem menschlichen Wert.

Seneca

Glücklich ist nicht, wer anderen so vorkommt, sondern wer sich selbst dafür hält.

Lucius Annaeus Seneca

Glücklich ist, wer das, was er liebt, auch wagt, mit Mut zu beschützen.

Ovid

Glücklich ist nur, wer glücklich macht.

Sprichwort

Glücklich ist, wer alles hat, was er will.

Aurelius Augustinus

Glücklich ist, wer angenehme Dinge schätzt, ohne sein Herz daran zu hängen, und wer eine gesunde Einstellung zur Realität hat.

Lucius Annaeus Seneca

Glücklich ist, wer vergisst, was doch nicht mehr zu ändern ist. Johann Strauß

Glücklich leben und naturgemäß leben ist eins. Lucius Annaeus Seneca

Glücklich ist, wer froh empfindet wahre Herzensfreudigkeit, wer in seinem Wandel findet Trost für unglückschwere Zeit. Glücklich ist, wem es beschieden, ganz zu fassen Freud und Schmerz durch das schönste Glück hinieden; durch ein freies, reines Herz. Glücklich ist, wem es gegeben, recht zu handeln immerzu, er fühlt selbst bei dürft'gem Leben wahren Reichtum – Seelenruh'! Hermann Weise

Glücklich kann kein Gott und König euch machen, wenn ihr es nicht selber könnt. Karl Julius Weber

Glücklich machen ist das höchste Glück. Theodor Fontane

Glücklich möchten alle Menschen werden. Wenn sie reich wären, würden sie auch glücklich sein, meinen die meisten, meinen, Glück und Geld verhielten sich zusammen wie die Kartoffel zur Kartoffelstaude, die Wurzel zur Pflanze. Wie irren sie sich doch gröblich, wie wenig verstehen sie sich auf das Wesen der Menschen und haben es doch täglich vor Augen. Jeremias Gotthelf

Glücklich sein heißt, ohne Schrecken seiner selbst innewerden zu können. Walter Benjamin

Glücklich sein heißt einen guten Genius haben oder gut sein. Marc Aurel

Glücklich sein heißt: schläfrig sein im Munde der Knechte. Glücklich sein! Mir ist, als hätt ich Brei und laues Wasser auf der Zunge, wenn ihr mir sprecht vom Glücklichsein. So albern und so heillos ist das alles, wofür ihr hingebt eure Lorbeerkronen, eure Unsterblichkeit.

Johann Christian Friedrich Hölderlin

Glücklich sein ist bei weitem nicht dasselbe, als aufhören unglücklich zu sein.

Johann Nepomuk Nestroy

Glücklich sind die Menschen, wenn sie haben, was gut für sie ist.

Platon

Glücklich und zufrieden ist, wer weiß, was er nicht braucht.

Wolfgang Herbst

Glücklich sind die, welche Liebe so zusammenfügt, wie sie die Vernunft vereinigt haben würde.

Jean-Jaques Rousseau

Glücklich sein ist eine Gabe des Schicksals und kommt nicht von außen; man muss es sich selbst erkämpfen. Das ist aber auch tröstend, denn man kann es erkämpfen.

Friedrich Wilhelm Christian Carl Ferdinand Freiherr von Humboldt

Glücklich wäre vielleicht, wer es nur nicht immer zu werden strebte, flüchtig hinaus über den stillen Genuss.

Karl Gustav von Brinckmann

Glücklich? Wer ist denn glücklich? Blicke nicht nach dem, was jedem fehlt. Betrachte, was noch jedem bleibt!

Johann Wolfgang von Goethe

Glücklich, weil wir nicht überglücklich sind. Wir sind der Knopf nicht an Fortunas Mütze.

William Shakespeare

Glücklich, wer bei mäßigem Besitz wohlgemut, unglücklich, wer bei vielem missmutig ist.

Demokrit

Glücklich, wer die Leidenschaft vor dem Ehrgeiz gekannt hat.

Blaise Pascal

Glücklich, wer seinen Beruf erkannt hat. Er verlange nach keinem andern Glück!

Thomas Carlyle

Glücklich, wer sich am Rande des Abgrundes erkennt und den Sturz vermeidet.

Jean-Jaques Rousseau

Glücklich, wer sich an seinen Kindern freuen darf.

Die Bibel, Sir.25, 7

Glücklich zu leben wünscht jedermann, aber die Grundlagen des Glücks erkennt fast niemand.

Lucius Annaeus Seneca

Glücklich zu sein ist auch eine Tugend.

Ludwig Börne

Glückliche Umstände machen die Herzen übermütig.

Lucius Annaeus Seneca

Glücklichen ist's nicht verliehen zu begreifen fremdes Weh.

August Graf von Platen Hallermund

Glücklicher als der Glücklichste ist, wer andere Menschen glücklich machen kann.

Alexandre Dumas, der Jüngere

Glückselig nenne ich den, der, um zu genießen, nicht nötig hat, unrecht zu tun, und, um recht zu handeln, nicht nötig hat, zu entbehren.

Friedrich von Schiller

Glücklichsein ist nicht Belohnung für eine Tugend, es ist die Tugend selbst.

Benedictus Spinoza

Glückseligkeit ist ein Aufenthalt zwischen zu wenig und zu viel.

aus England

Glückseligkeit findet sich nirgends in der Natur. Nur die Würdigkeit, glücklich zu sein, ist das, was der Mensch erringen kann.

Immanuel Kant

Glückseligkeit ist ein Zustand der Passivität. Je glücklicher wir sine, desto mehr Passivität zeigen wir der Gesellschaft. Je freier wir werden, desto mehr nähern wir uns der Weisheit, umso weniger brauchen wir das Glück.

Friedrich Wilhelm Joseph von Schelling

Glückselig ist, wer mit dem Bestehenden, wie es auch immer sei, zufrieden und mit seinen Verhältnissen befreundet ist.

Lucius Annaeus Seneca

Gnade und Ehre gibt der Herr; er versagt nicht Glück denen, die unsträflich wandeln.

Die Bibel, Ps.84, 12

Glückselig kann auch der genannt werden, der - von der Vernunft geleitet - nichts mehr wünscht und nichts mehr fürchtet.
Lucius Annaeus Seneca

Gott dienen und das Dasein genießen, ist nicht voneinander zu trennen. Frömmigkeit und Glück gehören zusammen.
Ludwig Marcuse

Gott, was ist Glück? Eine Griessuppe, eine Schlafstelle, keine körperlichen Schmerzen - das ist schon viel.
Theodor Fontane

Größtes Glück auf Erden ist es, eine Nacht zwischen einer schönen Frau und einem schönen Himmel zu teilen.
Napoleon I. Bonaparte

Groß zwar nenn ich den Mann, der, sein eigner Bildner und Schöpfer, durch der Tugend Gewalt selbst die Parze bezwingt; aber nicht bezwingt er das Glück, und was ihm die Charis neidisch geweigert, erringt nimmer der strebende Mut.
Friedrich von Schiller

Großes Glück ist die Feuerprobe des Menschen, großes Unglück nur die Wasserprobe.
Jean Paul

Halt nicht zu fest, was du gewannst, und schlag's dir aus dem Sinn denn eh du's recht beweinen kannst, bist du schon selbst dahin.
Christian Friedrich Hebbel

Halte das Glück wie einen Vogel: so leise und lose wie möglich. Dünkt er sich selber frei, bleibt er dir gern in der Hand.
Friedrich Hebbel

Halte nie einen für glücklich, der von äußeren Dingen abhängt.
Lucius Annaeus Seneca

Hast du also das Glück dir zum Herrn gewählt, so füge dich seinen Launen.
Torquatus Severinus Boethius

Hast du Glück in der Faust, so halte sie fest zu, denn es ist sehr schlüpfrig und lässt sich nicht gern wider Willen halten.
Julius Wilhelm Zincgref,

Hier ist da Glück vergänglich wie der Tag, dort ist es ewig wie die Liebe Gottes.
Karl Theodor Körner

Holzhacken ist deshalb so beliebt, weil man bei dieser Tätigkeit den Erfolg sofort sieht.
Albert Einstein

Höchstes Glück der Erdenkinder sei nur die Persönlichkeit.
Johann Wilhelm von Goethe

Höchstes Glück ist: kein Glück kennen.
Dschuang Dsi

Höchstes Glück ist kurzes Blitzen, fühl's und sprich: Auf Wiederkehr! Ließ es dauernd sich besitzen, wär' es höchstes Glück nicht mehr.
Emanuel Geibel

Ich achte den Menschen höher, der der göttlichen Hilfe im Glück bedarf, als denjenigen, der sich im Unglück von ihr trösten lässt.
Emilio Castelar y Ripoll

Höchstes Glück und tiefstes Unglück vermag die Mittelmäßigkeit nicht zu fühlen. Luc de Vauvenargues

Höhepunkt des Glücks ist es, wenn der Mensch bereit ist, das zu sein, was er ist. Erasmus von Rotterdam

Ich bin besonders glücklich, wenn das Glück unvollkommen ist. Vollkommenheit hat keinen Charakter. Peter Ustinov

Ich betrachte Untätigkeit als das wahre Glück, während die Welt sie als großes Unglück ansieht. Es ist gesagt worden: Vollkommenes Glück ist das Nichtvorhandensein des Strebens nach Glück; vollkommenes Ansehen ist das Nichtvorhandensein des Strebens nach Ansehen. Laotse

Ich bereite mich auf jedes Ereignis, das da kommen könnte, vor. Mag das Glück mir günstig sein oder ungünstig, das soll mich weder mutlos machen noch übermütig.
Friedrich II., der Große

Ich danke dir wohl, mein Glück im Leben. Ich war wohl klug, dass ich dich fand; doch ich fand nicht. Gott hat dich mir gegeben. Matthias Claudius

Ich denke, dem Glücklichen schlägt keine Stunde, und er soll die glückliche Stunde nicht abkürzen, auch nicht auf die Gefahr hin, einmal unpünktlich zu sein. Theodor Fontane

Ich freue mich an meiner Freude, von, in, mit, bei, auf und zu meiner Freude. Sören Kierkegaard

Ich glaube an den Fortschritt; ich glaube, die Menschheit ist zur Glückseligkeit bestimmt. Heinrich Heine

Ich gründe meine Berechnung auf die Erwartung, dass das Glück gegen mich sein wird. *Napoleon I. Bonaparte*

Ich habe dem Glücke niemals getraut, auch wenn es Frieden zu halten schien. *Lucius Annaeus Seneca*

Ich habe genossen das irdische Glück, ich habe gelebt und geliebt. *Friedrich von Schiller*

Ich habe heute Glück gehabt, gestand sich der Mann abends beim Zubettgehen; es ist mir nichts Unrechtes begegnet. *Theodor Hieck*

Ich habe meine Lebensweise so eingerichtet, dass ich bereit bin, das Glück zu ergreifen, wenn es kommen sollte, und wenn es nicht kommt, mich in Geduld zu fassen. *Niccoló Macchiavelli*

Ich habe nachgeforscht, ob es ein Mittel gibt, ohne jedes Verdienst sein Glück zu machen; ich habe keines gefunden. *Luc de Clapiers Vauvenargues*

Ich halte das Nichthandeln für wahres Glück, also gerade das, was die Welt für die größte Bitternis hält. Darum heißt es: höchstes Glück ist Abwesenheit von Unglück. *Chuangtse*

Ich halte Kunst nicht für ein Spielwerk, sondern für das ernste hohepriesterliche Geschäft, zugleich aber auch für die lebenslängliche holde Gefährtin des Glücklichen, dem sie sich offenbarte. *Zacharias Werner*

Ich meine, dass die Gesundheit uns glücklich macht, aber das Umgekehrte tut auch sine Wirkung: Ich glaube, dass ein glücklicher Mensch weniger leicht erkrankt als ein unglücklicher.

Bertrand Russell

Ich kann mir nichts Besseres denken, als ein bescheidenes, einfaches und freies Leben in einer egalitären Gesellschaft.

Karl R. Popper

Ich nenne nämlich Glück nur die vollen und überschwänglichen Genüsse, die in dem erfreulichen Anschauen der moralischen Schönheit unseres eigenen Lebens liegen.

Heinrich von Kleist

Ich spreche zu dem Herrn: Du bist mein Herr, es gibt für mich kein Glück außer dir.

Die Bibel, Ps.16,2

Ich suchte die Unendlichkeit des Glücks.
Vielleicht beginnt sie erst mit der Entsagung.

Robert Hamerling

Ich träumte nie von soviel Glück, als ich noch das hässliche kleine Entlein war.

Hans Christian Andersen

Ich wäre nur wenig glücklich, wenn ich sagen könnte, wie sehr ich es bin.

William Shakespeare

Ich war glücklich, wahrhaft glücklich, wie man es in der Welt sein kann, das heiß auf kurze Zeit.

Johann Wolfgang von Goethe

Ihr alle kennt die wilde Schwermut, die uns bei der Erinnerung an Zeiten des Glückes ergreift.

Ernst Jünger

Im entlaubten Zweige zittert manchmal noch ein grünes Blatt, das am Baum trotz Sturm und Regen sorgsam sich erhalten hat; also hält die Seele manchmal als des Glückes letzten Rest vor der völligen Entsagung eine schöne Täuschung fest.

Franz Ludwig Feodor Löwe

Im endlosen Wechsel neuer Gestalten flicht die bildende Zeit den Kranz der Ewigkeit, und heilig ist der Mensch, den Glück berührt, dass er Früchte trägt und gesund ist.

Friedrich Schlegel

Im Labyrinth der eignen Brust ist alles eingeschlossen, was das Leben beglückt oder betrübt; das Glück wächst wie jede andre Blume von innen heraus, sich vom Keim zur Pflanze, von der Knospe zur Blüte allmählich entfaltend.

Julie Burow

Im Glück sei nicht übermütig, im Unglück nicht verzagt.

Kleobulus von Lindos

Im Glück aufs Unglück bedacht sein. Es ist eine gute Vorsorge, für den Winter im Sommer und mit mehr Bequemlichkeit den Vorrat zu sammeln.

Baltasar Gracián

Im Glück wird man vergesslich.

Menander

Im Glücke ist ein wunderliches Walten. Viel besser magst du's finden als behalten. Es wanket, eh man irgend es besorgt. Den es betrüben will, es gern bei Zeit bedenket, und nimmt bei Zeiten gern zurück, was es geschenket. Den blendet's, der zu viel von ihm geborgt. Es hat schwache Stütze, das gläserne Glücke. Spiegelt sich's den Augen und scheint wunders nütze: Gerade dann bricht's leicht in kleine Stücke.

Gottfried von Strassburg

Im Grunde nämlich gibt es nur Heiterkeit, wo es Sieg gibt.

Friedrich Nietzsche

Im Reich der Wirklichkeiten ist man nie so glücklich wie im Reich der Gedanken.

Arthur Schopenhauer

In Armut bist du heiter, Freund, drum hüt dich vor Fortunens Tücke, dass nicht ihr Leid erwacht und meint, du lebtest in zu großem Glücke.

Gotthold Ephraim Lessing

Im Leben regiert das Glück, nicht die Weisheit.

Cicero

In den meisten Fällen ist Glück kein Geschenk, sondern ein Darlehen.

Albrecht Goes

In der Freundschaft wie in der Liebe ist man oft glücklicher durch das, was man nicht weiß, als durch das, was man weiß.

François Duc de La Rochefoucauld

In der Muße scheint das Glück zu liegen. Es gehört denen, die sich selbst genügen.

Aristoteles

In schweren Zeitenmuss man seine Kräfte doppelt anstrengen, um seine Pflicht zu erfüllen und das rechte zu tun; aber für sein Glück und seine innere Ruhe muss man andere Dinge suchen, die unentreißbar sind.

Friedrich Wilhelm Christian Karl Ferdinand Frhr.v.Humboldt

In toller Verkehrtheit des Begriffes „Glück" jagen Völker, jagt fast die Menschheit in zitternder Hast nach der Wechsel-marter: Erwerben und Verzehren, indes ihm sein einziges Glück aus den Händen fällt.

Adalbert Stifter

In uns selbst liegen die Sterne unseres Glücks. Heinrich Heine

Instinktiv empfinden wir, dass wir unser Glück außer uns suchen müssen. Blaise Pascal
Innerlich reich begabte Menschen sind wohl selten im äußeren Leben glücklich. Entweder entsprechen diese Zustände ihren Idealen nicht und es fehlt ihnen sonach die Befriedigung, oder sie verderben sich ihr Leben selbst, indem sie niemals zu einer behaglichen Ruhe kommen. Franz Pocci

Ist dir die Einsamkeit gute Gesellschaft, dann Glücklicher, zähle zu den Glücklichsten dich; aber verschweige dein Glück. Friedrich Ludewig Bouterweck

Ist es dem Mensch gegeben, ungetrübt ein Glück zu genießen, das sich soweit über alles erhebt, was die menschliche Schwäche verstehen kann? Constance de Salm

Ist's möglich, dass ich Liebchen dich kose, vernehme der göttlichen Stimme Schall! Unmöglich scheint immer die Rose, unbegreiflich die Nachtigal. Johann Wolfgang von Goethe

Ist sonach der Charakter der ersten Lebenshälfte unbefriedigte Sehnsucht nach Glück, so ist der der Zweiten Besorgnis vor Unglück. Arthur Schopenhauer

Ja, so sind die meisten Menschen. Die Unglücksfälle schreiben sie sich ins Gedächtnis und memorisieren sie fleißig; aber das Glück, das viele Glück beachten sie nicht... arme, arme Welt. Paula Modersohn-Becker

Ja Freund, oft trinket der Mensch die Lust in Strömen und dürstet, der Glücklichste stirbt unter Wünschen; ein Tropfen Kummers verdirbt ihm ganze Meere von Freude. Die Einbildung spornt seine Triebe, wie Rosse reißen sie aus, die Zwang und Zügel verachten, und ziehn ihn mit sich zum Abgrund. Ewald Christian von Kleist

Ja, so sind die meisten Menschen. Die Unglücksfälle schreiben sie sich ins Gedächtnis und memorisieren sie fleißig; aber das Glück, das viele Glück beachten sie nicht... arme, arme Welt. Paula Modersohn-Becker

Je bescheidener das Glück, umso tiefer und wahrer.
Adolf Kolping

Je glücklicher ein Mensch, desto heftiger bangt er um sein Glück. Hónore de Balzac

Jede Zeit ist umso kürzer, je glücklicher wir sind.
Gaius Caecilius Secundus Plinius

Jeden Tag seines Lebens eine feine, kleine Bemerkung einzufangen – wäre schon genug für ein ganzes Leben.
Christian Morgenstern

Jeder angenehme Augenblick hat Wert für mich. – Glückseligkeit besteht nur in Augenblicken. Ich wurde glücklich, da ich das lernte. Caroline von Böhmer-Schlegel-Schilling

Jeder ist seines Glückes Schmied. Sallust

Jeder glückliche Augenblick ist eine Gnade und muss zum Danke stimmen. Theodor Fontane

Jeder hat sein eigen Glück unter den Händen, wie der Künstler eine rohe Materie, die er zu einer Gestalt umbilden will. Aber es ist mit dieser Kunst wie mit allen; nur die Fähigkeit wird uns angeboren, sie will gelernt und sorgfältig ausgeübt sein.
Johann Wolfgang von Goethe

Jeder ist in dem Grade unglücklich, als er es zu sein glaubt.
Lucius Annaeus Seneca

Jeder ist seines Glückes Schmied, aber: Hammer Eisen und Amboss sind stets die anderen.
Christoph Matthes

Jeder ist seines Glückes Schmied – ja wohl, aber zum Schmieden gehören nicht nur rüstige Arme, sondern auch leidlich gutes Handwerkszeug, und dieses Handwerkszeug, das ist gerade das Glück selber.
Johannes Scherr

Jedermann ist seines Glückes Schmied, vorausgesetzt, dass ihm das Schicksal nicht Hammer und Amboss versagt hat.
Anonymus

Jeder Mensch will glücklich werden; um aber dieses Ziel zu erreichen, müsste er zunächst wissen, was das Glück denn eigentlich sei.
Jean-Jacques Rousseau

Jeder Mensch kann glücklich sein, wenn er nur will.
Franz Grillparzer

Jeder Zuwachs an Technik bedingt, wenn damit ein Zuwachs, und nicht eine Schmälerung des menschlichen Glücks verbunden sein soll, einen Zuwachs an Weisheit.
Bertrand Russell

Jedes Glück hat einen kleinen Stich. Wir möchten so viel: Haben. Sein. Und gelten. Dass einer alles hat, das ist selten.

Kurt Tucholsky

Jedes Glück stirbt an sich selbst.

Friedrich Wilhelm Nietzsche

Jedes Menschen Glück schmiedet ihm sein Charakter.

Nepos

Jedes Neue, auch das Glück, erschreckt.

Friedrich von Schiller

Jene, die glücklich machen, sind die wahren Sieger.

Voltaire

Kannst du Glück nicht fassen oder erringen, so lern entbehren es.

Franz Grillparzer

Kehr in dich still zurück, ruh in dir selber aus, so fühlst du höchstes Glück.

Friedrich Rückert

Kein Bösewicht kann glücklich sein.

Juvenal

Kein Glück ohne Neid.

Philipp Graf von Waldeck

Kein höh'res Glück dem Menschen lacht, als wenn er andre glücklich macht.

Monier Williams

Kein Mensch gelangt zu einem glücklichen Leben, außer nach einer Heimsuchung.

Mosche Ibn Esra

Kein Mensch kann volle tausend Tage glücklich sein; keine
Blume vermag hundert Tage zu blühen. aus China

Kein Mensch kann wunschlos glücklich sein, denn das
Glück besteht ja gerade im Wünschen. Attila Hörbiger

Kein Sterblicher fühlt an des Glückes Genuss sich gesättigt.
Aeschylos

Kein System konnte erdacht werden, das mit mehr Eifer das
menschliche Glück befehdet hat als die Ehe. Percy B. Shelley

Keine Gesellschaft kann gedeihen und glücklich sein, in der
der weitaus größte Teil ihrer Mitglieder arm und elend ist.
Adam Smith

Keinen Eingeborenen preiset als zum Glück Erkornen,
bis er ohne Leid und Klagen seinen letzten Tag ertragen,
bis zum Ziele seines Strebens er gelangt und seines
Lebens. Sophokles

Keine Pflicht wird so sehr vernachlässigt, wie die Pflicht,
glücklich und zufrieden zu sein. Robert Louis Balfour Stevenson

Keiner ist in allem glücklich. Aristophanes

Kluge Leute schonen sich heute für morgen und versuchen
ich ganzes Glück nicht an einem Tage.
Miguel de Cervantes y Saavedra

Klugheit kann kein Glück ersetzen. Michel Montaigne

Komm nicht schön zur Welt, sondern werde glücklich geboren.   aus Russland

Kommt nie das Glück mit beiden Händen voll? Schreibt seine schönsten Wort in garst'gen Zügen? Es gibt entweder Esslust ohne Speise wie oft dem Armen oder einen Schmaus und nimmt die Esslust weg.   William Shakespeare

Könnte ich leben, ohne zu arbeiten, ich wäre das glücklichte Wesen unter der Sonne.   Franziska zu Reventlow

Kommt zu einem schmerzlosen Zustand noch die Abwesenheit der Langeweile, so ist das irdische Glück im wesentlichen erreicht, denn das Übrige ist Chimäre.
                                                                 Arthur Schopenhauer

Krankheit und Unglück kommen auf tausend Strassen, aber Glück und Gesundheit auch.   Theodor Fontane

Künste und Wissenschaften sind der Ruhm einer Nation. Sie tragen zu ihrem Glück bei.   Claude Adrien Helvetius

Küsse keck das holde Weib und drück es fest an deinen Leib. Denn das gibt Glück und hohen Mut, so fern sie züchtig ist und gut.   Wolfram von Eschenbach

Kummer lässt sich allein tragen. Für das Glück sind zwei Menschen erforderlich.   Elbert Hubbard

Kunst ist das versprechen des Glücks, das gebrochen wird.
                                                                 Theodor W. Adorno

Kurz scheint das Leben dem Glücklichen, doch wer im Elend, dem scheint selbst eine Nacht unendlich lange zu währen.
Lukian von Samosata

Langsam kommendes Glück pflegt auch am längsten zu weilen.
Saadi

Läuft das Glück auch mal zu Zeiten anders als man will und meint, ein getreues Herz hilft streiten gegen alles, was uns feind.
Paul Flemming

Lass dich von dem Glücke suchen. Fehlt's den Weg, so mag es fluchen. Aber suchst du selbst das Glück, kommst du fluchend oft zurück.
Wilhelm Müller

Lass jedes Glück verblühen, wenn dir nur eines bleibt: Die Hoffnung, die am Zweig stets neue Knospen treibt.
Friedrich Rückert

Lass, o Welt, o lass mich sein! Locket nicht mit Liebesgaben, lasst dies Herz alleine haben seine Wonne, seine Pein!
Eduard Mörike

Lasse nie zu, dass du jemandem begegnest, der nicht nach der Begegnung mit dir glücklicher ist.
Mutter Teresa

Leider erkennen viele Menschen erst im Unglück, dass sie vorher glücklich waren.
Bertrand Russell

Lasst Königen die Königreiche, Geld und Gut den Reichen, Ehr, Tapferkeit und Schlachtenruhm behalte, wer's besitzt, wofern er ohne Neid mein Glück mir gönnt. Titus Maccius Plautus

Lust und Schmerz sind, gleich den Schalen einer Wage, hier nie getrennt, und dieser neigt das Herz in seine rechte Lage, wenn es zu hoch im Glücke steigt. Gottlieb Konrad Pfeffel

Mache dir das Leben ja nicht sauer und renne ruhig gegen die Mauer mit deinem Kopf. Hast du nur Glück, so weicht die Mauer vor dir zurück. Christian Friedrich Hebbel

Man braucht nur mit Liebe einer Sache nachzugehen, so gesellt sich das Glück hinzu. Johannes Trojan

Mäßiges Glück währt am längsten. Sprichwort

Man darf das Glück wohl wie eine Gans rupfen, man muss ihm aber nicht wie einem Geier den Hals rumdrehen. Sprichwort

Man darf sein Glück nicht auf dem Unglück eines anderen aufbauen. aus Litauen

Man hat mich immer als einen vom Glück besonders Begünstigten gepriesen; auch will ich mich nicht beklagen und den Gang meines Lebens nicht schelten. Allein, im Grund ist nichts als Mühe und Arbeit gewesen, und ich kann wohl sagen, dass ich in meinen 75 Jahren keine vier Wochen eigentliches Behagen gehabt. Johann Wolfgang von Goethe

Man ehre die Tugend, wenn sie zum Glück beiträgt; wenn nicht, gebe man ihr den Abschied.

Epikur

Man hat nur an so viel Freude und Glück Anspruch, als man selbst gewährt.

Ernst von Feuchtersleben

Man hat sein Glück nicht gemacht, vermag man nicht, es zu genießen.

Luc de Clapiers Vauvenargues

Man ist glücklich verheiratet, wenn man lieber heimkommt als fortgeht.

Heinz Rühmann

Man ist meistens nur durch Nachdenken unglücklich.

Joseph Joubert

Man ist nie allein glücklich.

Wilhelm Ludwig Wekherlin

Man ist nie so glücklich, noch so unglücklich, wie man es sich einbildet.

La Rochefoucauld

Man ist nur glücklich durch das, was man fühlt, und nicht durch das, was man ist.

Sully Prudhomme

Man kann niemanden überholen, wenn man in seine Fußstapfen tritt.

Francois Truffaut

Man kann sehr glücklich sein, wenn man die Zustimmung der anderen nicht fordert.

Johann Wolfgang von Goethe

Man lebt, wenn man das Glück hat, mehre Freunde zu besitzen, mit jedem Freunde ein eignes, abgesondertes Leben.

Ludwig Tieck

Man müsste die Menschen von dem Glück überzeugen, das sie nicht sehen, selbst wenn sie es genießen.

Charles de Montesquieu

Man muss gleichzeitig lachen und philosophieren und sein Haus verwalten

Epikus

Man muss immer etwas haben, worauf man sich freut.

Eduard Mörike

Man muss lernen, glücklich zu sein.

Alain

Man muss daran glauben, dass Glück möglich ist, um glücklich zu sein.

Leo Nikolajewitsch Graf Tolstoi

Man muss sein Glück teilen, um es zu multiplizieren.

Marie von Ebner-Eschenbach

Man muss nur warten können, das Glück kommt schon.

Paula Modersohn-Becker

Man muss zugeben: Um in dieser Welt glücklich zu leben, hat man bestimmte Seiten seiner Seele völlig auszuschalten.

Nicolas Chamfort

Man muss nicht oft unbedachtsam handeln, wenn man das Glück anreizen will, etwas für uns zu tun.

Gotthold Ephraim Lessing

Man sollte die Menschen von ihrem Glück überzeugen;
sie beachten es nicht, obwohl sie es besitzen.

Charles de Montesquieu

Man verbringt die eine Hälfte des Lebens damit, sich Glück
zu erhoffen, und die andere, eine Hoffnung zu vermissen.

Théodore Simon Jouffroy

Man pflegt das Glück wegen seiner großen Beweglichkeit
kugelrund zu nennen, und zwar doppelt mit Recht; denn es
gilt diese Vergleichung auch in einem anderen Sinne. Ruhig
vor Augen stehend, zeigt die Kugel sich als ein befriedigtes,
vollkommenes, in sich abgeschlossenes Wesen; daher kann
sie aber auch, so wie der Glückliche, unsre Aufmerksamkeit
nicht lange fesseln.

Johann Wolfgang von Goethe

Man versucht sein Glück gewöhnlich mit Talenten, die man
nicht hat.

Luc de Clapier Vauvenargues

Man verbringt die eine Hälfte des Lebens damit, sich das
Glück zu erhoffen, und die andere, eine Hoffnung zu
vermissen.

Théodore Jouffroy

Man weiß selten, was Glück ist, aber man weiß meistens
was Glück war.

Françoise Sagan

Man will nicht nur glücklich sein, sondern glücklicher als die
anderen. Und das ist deshalb so schwer, weil wir die
anderen für glücklicher halten, als sie sind.

Charles-Louis de Montesquieu

Manche Männer sind dafür geschaffen, eines Tages
glückliche Witwen zu hinterlassen.

Robert Lembke

Manche Menschen nämlich halten die Bedingungen der
Glückseligkeit für Bestandteile von ihr. Aristoteles

Mancher rennt dem Glück nach und weiß nicht, dass er es
zu Hause hat. Adolf Kolping

Manchem Reichen, wann sie (Fortuna) kaum gefüllet seinen
Kasten hoch bis an den Rand, hat sie hinterher den Strick
getrillet und ihn aufgeknüpft mit eigner Hand.
Gottfried August Bürger

Mein Glück, wer kann es schauen? Die Bibel, Hiob 17,15

Maßstab für die Gerechtigkeit oder Ungerechtigkeit eines
Gesetzes ist das mehr oder weniger große Glück des
Volkes. Claude Adrien Helvétius

Mensch, deine Seligkeit kannst Du dir selber nehmen: So
du dich nur dazu willst schicken und bequemen.
Angelus Silesius

Menschen kommen durch nichts den Göttern näher, als
wenn sie Menschenglücklich machen. Marcus Tullius Cicero

Menschen zu finden, die mit uns fühlen und empfinden, ist
wohl das schönste Glück auf Erden. Carl Spitteler

Menschliche Glückseligkeit besteht in erfolgreichem
Handeln. Aristoteles

Menschenherz was ist dein Glück? Ein rätselhaft geborner und, kaum gegrüßt, verlorner, unwiederholter Augenblick!

Nikolaus Lenau

Mein Sohn, bedenkt, dass es ohne Tugend kein Glück gibt.

Voltaire

Mir ist, als müsst ich singen so recht aus tiefster Lust von wunderbaren Dingen, was niemand sonst bewusst.
Oh könnt ich alles sagen! Oh wär ich recht geschickt!
So muss ich still ertragen, was mich so hoch beglückt.

Joseph Karl Benedikt Frhr. v. Eichendorff

Menschliches Glück stammt nicht so sehr aus großen Glücksfällen, die sich selten ereignen, als vielmehr aus kleinen glücklichen Umständen, die jeden Tag vorkommen.

Benjamin Franklin

Misserfolg ist lediglich eine Gelegenheit, mit neuen Ansichten noch einmal anzufangen.

Henry Ford

Mit a bisserl Charakter kann der Mensch sein Unglück prächtig verschweigen, aber's Glück – da wird jeder Atemzug zur Heroldstrompeten, jede Bewegung trommelts aus: „Hier is a kollosale Seligkeit zu sehen."

Johann Nepomuk Nestroy

Mit dem Besten, was in mir steckte, hatte ich versucht, ein bißchen mehr Glück in diese Welt hineinzuschreiben.

Frances Hodgson Burnett

Mit dem Glück geht es oft wie mit der Brille: man hat sie auf der Nase und weiß es nicht.

Anonymus

Mut ist Handelns Anfang, Glück aber Endes Herrin.

Demokrit

Mit dem Glück verhält es sich wie mit den Uhren: die
einfachsten gehen am besten.

Nicolas Chamfort

Mit unglücklichen Menschen muss man subtil umgehen, die
glücklichen können schon eher eine Puff aushalten.

Ferdinand Raimund

Monde und Jahre vergehen, aber ein schöner Moment
leuchtet das Leben hindurch.

Franz Grillparzer

Müsst euer Glück nicht auf die Jüngsten setzen, die
Angejahrten wissen euch zu schätzen.

Johann Wolfgang von Goethe

Nach meiner Meinung ist es das glückliche Leben und nicht
das glückliche Sterben, worin die menschliche Glückseligkeit beruht.

Michel de Montaigne

Nationen, die man unterworfen hat, muss man entweder
glücklich machen oder vernichten.

Niccolò Machiavelli

Nehmen Sie einem Durchschnittsmenschen die
Lebenslüge, und Sie nehmen ihm zu gleicher Zeit das
Glück.

Henrik Ibsen

Neigungen haben die Götter. Sie lieben der Jugend
lockichte Scheitel, es zieht Freude die Fröhlichen an.

Friedrich von Schiller

Nenn's Glück! Herz! Liebe ! Gott! Ich hab keinen Namen
dafür. Gefühl ist alles. Name Schall und Rauch. Umnebelnd
Himmelsglut.   Johann Wolfgang von Goethe

Neue Woche, neues Glück,
der Montag bringt den Schwung zurück.   Anonymus

Neun Zehntel unseres Glückes beruhen allein auf der
Gesundheit. Mit ihr wird alles eine Quelle des Genusses.
Hingegen ist ohne sie kein äußeres Gut, welcher Art es
auch sei, genießbar.   Arthur Schopenhauer

Nicht bloß im grünen Wellenreiche, auf der wogenden
Wellenflut, auch auf der Erde, so fest sie ruht, auf den
ewigen, alten Säulen wanket das Glück und will nicht
weilen.   Friedrich von Schiller

Nicht aus des Herzens bloßem Wunsche
keimt des Glückes schöne Götterpflanze auf.
Der Mensch soll mit der Mühe Pflugschar
Sich des Schicksals harten Boden öffnen,
soll des Glückes Erntetag sich selbst bereiten
und Taten in die offenen Furchen streun,
er soll mit etwas den Genuss erkaufen,
wär's auch mit des Genusses Sehnsucht nur. Heinrich von Kleist

Nicht alles, was glücklich macht, ist auch gesund,
aber alles, was unglücklich macht, ist ungesund.
                                        Gerd Uhlenbruck

Nicht das Maß der Zeit entscheidet, wohl aber das Maß des
Glücks.   Sprichwort

Nicht eigne Güter haben ja die Sterblichen, was uns die Götter gaben, das verwalten wir und, wenn sie wollen, nehmen sie es wieder hin.

Euripides

Nicht der Jüngling ist glücklich zu preisen, sondern der Greis, der gut gelebt hat.

Epikur

Nicht die Glücklichen sind dankbar. Es sind die Dankbaren, die glücklich sind.

Francis Bacon

Nicht ein bestimmter Gegenstand, sondern ein bestimmter Prozess, eine gewisse Verfassung unseres Gemütes ist es, was wir Glückseligkeit nennen – nicht ein Ding, sondern en Verhalten der Dinge.

Gustav Adolf von Lindner

Nicht glücklich ist, wer nicht glücklich zu sein glaubt.

Publilius Syrus

Nicht im Genuss besteht das Glück, sondern im Zerbrechen der Schranken, die man gegen das Verlangen errichtet hat.

Donatien Alphonse Francois Marquis de Sade

Nicht in der Erkenntnis liegt das Glück, sondern im Erwerben der Erkenntnis.

Edgar Allan Poe

Nicht nach der Länge seines Armes, nach der Länge seines Auges muss der Mensch sein Glück messen.

Christian Friedrich Hebbel

Nicht Schmerz ist Unglück, Glück ist immer Freude. Wer sein Geschick erfüllt, dem lächeln beide.

Friedrich Wilhelm Christian Karl Ferdinand Frhr.v. Humbold

Nichts altert so schnell wie das Glück. Oscar Wilde

Nicht weit vom Glücklichsein steht das Glücklichmachen.
Emmy von Rothenfels

Nichts bringt uns mehr von Weg zum Glück ab, als das wir uns nach dem Gerede der Leute richten, statt nach unseren Überzeugungen. Lucius Annaeus Seneca

Nichts entreißt das Glück, was es nicht zuvor gegeben hat.
Lucius Annaeus Sneeca

Nichts ist bedauernswerter als der Mensch, der nicht bemerkt hat, dass es zu seinem Glück reicht, auf den Geist zu hören, der in ihm wohnt. Marc Aurel

Nichts ist so alt wie der Erfolg von gestern. Freddy Quinn

Nichts ist so aufreizend wie Gelassenheit. Oscar Wilde

Nie soll man jemand vor seinem Tode und seinem Leichenbegängnis glücklich heißen. Ovid

Nie kommt das Glück allein, es folgt ihm stets, mit reicher Gaben Fülle beladen die Begleitung nach. Friedrich von Schiller

Nie hält der Mensch sich selbst für glücklich, außer, wenn er das genießen kann, was die anderen nicht haben und ersehnen. Alexander Pope

Nie waltet im Leben das Glück lauter und frei von Leide.

Sophokles

Niemals genießen wir ein ganz vollkommenes Glück: den stolzesten Triumphen ist ein Wermutstropfen beigemengt, stets gibt es einen Gram in einem solchen Augenblick, der sich in unsere ungetrübte Freude drängt.

Peter Corneille

Niemand aber ist weise, wenn er nicht glücklich ist.

Aurelius Augustinus

Niemand außer dir kann dich glücklich oder unglücklich machen.

Martin Opitz

Niemand hat die Kraft – wenn er auch will – in einem fort unglücklich zu sein, sondern er wird glücklich.

Jean Paul

Niemand ist glücklich, der außerhalb der Wahrheit lebt.

Lucius Annaeus Seneca

Niemand kenn sein Glück genießen, ohne daran zu denken, dass er es genießt.

Samuel Johnson

Niemand kann auf Erden Glück empfinden in den gegebenen Verhältnissen, der nicht Mut, Geduld, Besonnenheit und Milde mitbringt zum Überwinden der Leiden.

Julie Burow

Niemand kann mich zwingen, auf seine Art glücklich zu sein, sondern ein jeder darf seine Glückseligkeit auf dem Wege suchen, der ihm selbst gut dünkt, wenn er nur der Freiheit anderer nicht Abbruch tut.

Immanuel Kant

Niemand lässt sich gern zwingen, auch nicht einmal zwingen, glücklich zu sein, und wie oft schon überwog die Idee den wirklichen Vorteil.

Hellmuth Graf von Moltke

Nirgend auf Erden blühet die rose der Glückseligkeit ohne Dornen. Was aber aus diesen Dornen hervorgeht, ist allenthalben und unter allerlei Gestalten die zwar flüchtige, aber schöne Rose einer menschlichen Lebensfreude.

Johann Gottfried von Herder

Nun, wenn ich ein Taugenichts bin, so ist's gut; so will ich in die Welt gehen und mein Glück machen.

Joseph Karl Benedikt Freiherr von Bodenstedt

Notwendig wird also zum Glück eine gehörige Beschäftigung des Geistes oder des Gefühls erfordert, allerdings nach jedes einzelnen Geistes und Empfindungs-maß, aber doch so, dass eines jeden Bedürfnis danach erfüllt werde. Friedrich Wilhelm Christian Karl Ferdinand v.Humbold

Nur das Glück ist ein Glück, das man sich selber denkt.

Otto Ludwig

Nur auf uns selbst sind wir stets angewiesen,
an allen Orten und zu allen Zeiten.
Drum, willst du Glückseligkeit genießen,
so kannst du sie nur selber dir bereiten. Oliver Goldsmith

Nur dem sich Mühenden verkaufen die Götter das Gute.

Epicharm

Nur der ist glücklich und wahrhaft glücklich, der sagen kann:
„Willkommen das Leben, was immer es auch bringen möge!
Willkommen der Tod, wie immer er sei!"

Henry, 1st Viscount Bolingbroke St.John

Nur der kann wahrhaft glücklich sein, den das Schicksal auf
den richtigen Platz gestellt hat.

Vauvenargues

Nur der Mann darf das Glück einer jungen Ehe rühmen, der
die Freude seiner Frau am ersten Abend nicht trübt.

Li Yü

Nur der Pöbel wird gleich außer sich gebracht, wenn ihn das
Glück einmal anlächelt.

Gotthold Ephraim Lessing

Nur die Würdigkeit, glücklich zu sein, ist das, was der
Mensch eringen kann.

Immanuel Kant

Nur in stiller Häuslichkeit wird des Lebens Glück, der wahre
Stein der Weisen gefunden.

August von Kotzebue

Nur glückliche Menschen können ganz gut sein, und das ist
das Schlimmste an dem Stachel des Unglücks, dass er
zugleich vergiftet ist.

Karl Emil Franzos

Nur wer glücklich ist, kann glücklich machen. Wer's tut,
vermehrt sein eignes Glück.

Johann Wilhelm Ludwig Gleim

O, der ist aus dem Himmel schon gefallen, der an der
Stunden Wechsel denken muss. Die Uhr schläget keinem
Glücklichen.

Friedrich von Schiller

Nur wer etwas leistet, kann sich etwas leisten. M.Gorbatschow

Glücklich, wer noch hoffen kann aus diesem Meer des
Irrtums aufzutauchen. Johann Wolfgang von Goethe

O Menschenherz, was ist dein Glück? Ein rätselhaft
geborner, und kaum gegrüßt, verlorner, unwiederholter
Augenblick. Nikolaus *Lenau*

O welche Verblendung bringt ein großes Glück über unsere
Herzen. Lucius Annaeus Seneca

Schicksal, gib mir zu so vielem und zu so großem Glück
auch ein kleines Unglück. Philipp II. von Makedonien

Suche nie dein Glück im Weltgewimmel:
Je tiefer in dich zurück, je höher im Himmel. Otto Ludwig

Ob arm oder reich, niemand ist glücklich, wenn ihn das
Schicksal nicht auf den richtigen Platz gestellt hat.
Luc de Clapiers Vauvenargues

Ob wir erreichen, was wir uns vornehmen, hängt vom Glück
ab; aber das Wollen ist einzig Sache unseres Herzens.
Jose Ortega y Gasset

Oft ist ein glückliche Hand nichts anderes als Zielstrebigkeit.
Ralph Waldo Emerson

Oft, wie der Goldfrucht Ball, frühzeitig erbrochen, im Schiff
erst ausgereift, wird dir das Glück erst durch Erinnerung
süß. Emmanuel Geibel

Ohne Abhängigkeit gibt es kein Glück. Man muß eine große
Liebe auch ertragen lernen. Connie Palmen

Ohne Wahl verteilt die Gaben, ohne Billigkeit das Glück,
denn Patroklus liegt begraben und Thersites kommt zurück.
Friedrich von Schiller

Ohne Rechtschaffenheit ist es nicht leicht, in äußerem
Glück die Bescheidenheit zu wahren. Aristoteles

Ohne Gefährten ist kein Glück erfreulich. Lucius Aennaeus Seneca

Ohne Wahl verteilt die Gaben, ohne Billigkeit das Glück.
Friedrich von Schiller

Philosophie ist Tätigkeit in Gedanken und Reden, die ein
glückliches Leben schafft. Epikur

Positives Glück gibt es auf Erden nicht. Irdisches Glück
heißt: Das Unglück besucht uns nicht zu regelmäßig.
Karl Gutzkow

Puritanismus ist die quälende Furcht, dass irgendwer
irgendwo glücklich sein könnte. Henry Louis Mencken

Raum ist in der kleinsten Hütte für ein glücklich liebend
Paar. Friedrich von Schiller

Reichtum allein macht nicht das Glück auf Erden. Albert Lortzing

Rennt dem schönen Glücke nach! Freunde, rennt euch alt und schwach! Ich nehm teil an eurer Müh: Die Natur gebietet sie. Ich, damit ich auch was tu, seh euch in dem Lehnstuhl zu. Gotthold Ephraim Lessing

Rivalität ist ein schlimmes Gift für das Glück. François Lelord

Ruhe ist Glück - wenn sie ein Ausruhen ist. Ludwig Börne

Ruhig, mit nur wenig Meisterschlägen, schmiede der rechte Mann sein Glück. Gottfried Keller

Scherben bringen Glück. aus Deutschland

Schick nicht ins Lebens spähend deine Blicke, das Glück erwartend mit der Sehnsucht Pein. Bau dir zum Glück mit eig'ner Hand die Brücke. Beglücke du, so wirst du glücklich sein. Viktor Blüthgen

Schlimmer betrogen, wer aus Angst vor Enttäuschung immer wieder sein Glück versäumte, als wer jede Möglichkeit eines Glücks ergriff, selbst auf die Gefahr hin, es könnte wieder nicht das Wahre gewesen sein. Arthur Schnitzler

Schnell gefundenes Glück ist niemals fest gegründet, denn selten ist es ein Werk des Verdienstes. Luc de Clapiers Vauvenargues

Schöne Zeit, wo ich des Glückes mit dem Freund zu sein genoss, während zwecklos nur und töricht mir die Übrige verfloss!

Hafes

Schnelles Glück hat schnelle Fahrten.

Friedrich Freiherr von Logau

Schöner als der vollste Besitz ist die Erwartung des Glücks.

Emanuel Geibel

Schwer ist zu tragen das Unglück, aber schwerer noch das Glück.

Friedrich Hölderlin

Schuldner oder Gläubiger:
Manch ungehobelt Holz wird zum Merkur gemacht,
weil mancher teure Mann, aus aller Höfling Acht,
sich sonst bei keinem Maß als seinem Schatten misst.
Viel' hebt das Glück empor, viel hält es auch zurück.
Doch wer die Welt recht kennt, der findet, dass das Glück
mehr Schulden ausstehn hat, als es selbst schuldig ist.

Christian Wernike

Segelnd im Glücke zerschellt Menschengeschick an verborgener Klippe.

Aeschylos

Sein Glück machen ist so ein schöner Ausdruck und bedeutet so Gutes, dass er allgemein angewendet wird; man findet ihn in allen Sprachen; er gefällt den Fremden und den Barbaren; er herrscht bei Hofe und in der Stadt; er hat die Klöster überrumpelt und die Mauern der Abteien beider Geschlechter übersprungen; es gibt keinen geheiligten Ort, wo er nicht eingedrungen, kein Wüste oder Einöde, in der er unbekannt wäre.

Jean de La Bruyére

Selten kommen großes Glück und Verstand zusammen.

aus Kroatien

Sei wieder ruhig, sei heiter, und bringe mir das einzig selige Gefühl, dass du zufrieden bist. Und gib auch mir meine Ruhe wieder, dann gewiss, dann gewiss werde ich glücklich sein.

Susette Gontard

Sein Glück darin zu finden, für das Glück anderer zu sorgen; wer diesen Egoismus hat, für den ist es keine Kunst, glücklich zu sein.

Gustav Freytag

Schweigen ist der beste Herold der Freude. Ich wäre nur wenig glücklich, wenn ich sagen könnte, wie sehr ich es bin.

Willliam Shakespeare

Sei gerecht, und du wirst glücklich sein.   Jean-Jacques Rousseau

Seine Trefflichkeit, welcher Art sie auch sei, ungehindert üben zu können, ist das eigentliche Glück.

Aristoteles

Selbst das größte Glück findet in der Nussschale der Zufriedenheit sein Unterkommen.

Wilhelm Vogel

Selbst gebildete Frauen vertragen nicht immer andauernd gleichmäßiges Glück und fühlen einen unbegreiflichen Antrieb zu Teufeleien und Narrheiten, durch die Abwechslung ins Leben kommt.

Bogumil Goltz

Selten gibt's ein Glück, das nicht in Schaum zerfließt, wenn man es zu genau ergründet.   Johann Nepomuk Nestroy

Selig, welchen die Götter, die gnädigen, vor der geburt
schon liebten, welchen als Kind Venus im Arme gewiegt.

Johann Christoph Friedrich von Schiller

Sich glücklich fühlen zu können auch ohne Glück – das ist
Glück.

Marie von Ebner Eschenbach

Sich mit wenigem begnügen ist schwer, sich mit vielem
begnügen unmöglich.

Marie von Ebner-Eschenbach

Sich recht anschauend vorstellen zu lernen, dass niemand
vollkommen glücklich ist, ist vielleicht der nächste Weg,
vollkommen glücklich zu werden.

Georg Christoph Lichtenberg

Sich wegwerfen können für den Augenblick, Jahre opfern
für das Lächeln einer Frau, das ist Glück.

Hermann Hesse

Sicherheit im Glück:
Sag einem, der erfreut dem Glück im Schoße lieget,
dass dessen Stille stets die Sicherheit betrüget,
dass es uns, eh wir es recht erkannt, verlässt,
er höret dich nicht mehr, denn junge Hochzeitsgäst'
den Wächter, der des Nachts die Stunden rufet hören;
er spottet deiner Gunst und lachet deiner Lehren,
und alle deine Wort' entführt der schnelle Wind.
Ein Glücklicher ist taub, sowie das Glück ist blind.

Christian Wernike

Sie, die Frauen finden oft das Glück in den Armen eines
Mannes, den sie anbeten. Wir dagegen finden es selbst an
der Seite einer willigen Frau, die uns missfällt.

Denis Diderot

Sicher verdanken einige Millionäre ihren Erfolg ihren Frauen. Aber die meisten verdanken ihre Frauen dem Erfolg.

Danny Kaye

Sie fragen, wie man zu solch einem großen Vermögen kommt? Man muss einfach Glück haben!

Voltaire

Siehst du das falsche Glück dir lächeln oder lachen, so denk, o Mensch, wie gut du bist, und sorge, dass es dir nicht etwa schädlich ist, Glück muss uns ja nicht schlechter machen.

Johann Wilhelm Ludwig Gleim

So hab aus allem ich gezogen das treue Fazit mir zuletzt, dass dem das Glück zumeist gewogen, der es am mindesten gehetzt

Annette von Droste-Hülshoff

So muss man leben! Die kleinen Freuden aufpicken, bis das große Glück kommt. Und wenn es nicht kommt, dann hat man wenigstens die „kleinen Glücke" gehabt.

Theodor Fontane

Sind wir glücklich, weil wir gut sind, oder sind wir gut, weil wir glücklich sind?

Victor Marie Hugo

So sauer ringt die kargen Lose der Mensch dem kargen Himmel ab; doch leicht erworben, aus dem Schoße der Götter fällt das Glück herab.

Friedrich von Schiller

So haltet nun die Worte dieses Bundes (mit Gott) und tut danach, auf dass ihr Glück habet in allem, was ihr tut.

Die Bibel, 5.Mose 29,9

So schlecht es ist, jemand zu seinem Unglücke, so unweise ist es, einen Menschen zu seinem Glücke zwingen zu wollen.

Georg Moritz Ebers

So übe ich mich unaufhörlich darin, das wahre Glück von allen äußeren Umständen zu trennen und es nur als Belohnung und Ermunterung an die Tugend zu knüpfen. Das erscheint es in schönerer Gestalt und auf sicherem Boden.

Heinrich von Kleist

Sorgenlos, das heißt, nahrungssorgenlos leben zu können, das ist schon ein großes Glück.

Ludwig Bechstein

Sollt ein schönes Glück mich kränken, weil es allzu rasch entfloh? Kurz begegnen, lang gedenken, macht die Seele reich und froh.

Emanuel Geibel

Solange das Leben da ist, gibt es auch Glück.

Leo Nikolajewitsch Graf Tolstoi

Soll ich das stolze, grausame, blinde Glück nicht hassen, das mit uns Menschen nach Willkür spielt?

Francesco Petrarca

Solange er den Herrn suchte, gab Gott ihm Glück

2.Chr.26,5

Sollte das Glück sich mit mir einlassen, so muss es die Bedingungen annehmen, die mein Charakter ihm stellt.

Nicolas Chamfort

Stete Sonne des Glücks härtet den Boden, Suche nicht Hilfe bei Glücklichen!

Otto Ludwig

Töricht haschen wir auf Erden nach des Glückes
Irrlichtschein; wer sich quält, beglückt zu werden, hat die
Zeit nicht es zu sein.

Nikolaus Lenau

Tu erst das Notwendige, dann das Mögliche, und plötzlich
schaffst du das Unmögliche.

Franz von Assisi

Tränen der Trauer, Tränen des Glücks,
es kommt auf die Seite an, wohin man blickt.

Paul Flemming

Tue das, wodurch du würdig wirst, glücklich zu sein.

Immanuel Kant.

Übermütig sind meist in guten Zeiten die Herzen,
schwer ist's, Tage des Glücks tragen mit ruhigem Sinn.

Marcus Tullius Cicero

Um den vollen Wert des Glücks zu erfahren, brauchen wir
jemand, um es ihm mitzuteilen.

Mark Twain

Um Erfolg zu haben, brauchst du nur eine einzige Chance.

Jesse Owen

Um es im Leben zu etwas zu bringen, muss man früh
aufstehen, bis in die Nacht arbeiten - und Öl finden.

Jean Paul Getty

Um Freud und Wonne aus jeder Brust.
Erd, o Sonne! Glück, o Lust!

Johann Wolfgang von Goethe

Um Glück zu erreichen, muss der Mensch seine eigene
Seele zähmen und beherrschen.

Schlomo ibn gewirol

Um glücklich zu sein, fordert es beim Menschen nicht bloß,
dass er wohl versorgt sei, sondern auch, dass er glaubt, er
sei's.

Johann Heinrich Pestalozzi

Um glücklich zu sein im Leben, brauchen wir etwas zu
arbeiten, etwas zu lieben und etwas, auf das wir hoffen
können.

Joseph Addison

Um glücklich zu sein, muss man seine Vorurteile abgelegt
und seine Illusionen beibehalten haben.

Gabrielle-Emilie Marquise du Chatelet

Um Glück zu genießen, muss der Mensch auch Charakter
haben. Dem, der ihn hat, füllt sich der Wasserkrug mit
Silber; dem, der ihn nicht hat, werden Krüge voller Silber zu
Wasser.

Laotse

Um in der Welt Erfolg zu haben, braucht man Tugenden, die
beliebt, und Fehler, die gefürchtet machen.

Joseph Joubert

Um nicht sehr unglücklich zu werden, ist das sicherste
Mittel, dass man nicht verlange, sehr glücklich zu sein.

Arthur Schopenhauer

Um uns ein Glück, das uns gleichgültig scheint, recht
fühlbar zu machen, müssen wir immer denken, dass es
verloren sei und dass wir es in diesem Augenblick
wiedererhielten.

Georg Christoph Lichtenberg

Um wirklich weise und folglich auch wirklich auch glücklich zu sein, braucht man nur frei von allen Leidenschaften zu sein.

Voltaire

Um zu tragen gute Tage, brauchst du festen Fuß und Rücken. Schlechte Tage kommen weiter auch auf Höckern und auf Krücken.

Wilhelm Müller

Um zu wissen, wie viel Glück einer im Leben empfangen kann, darf man nur wissen, wie viel er geben kann.

Arhur Schopenhauer

Und doch, welch Glück geliebt zu werden!
Und Lieben, Götter, welch ein Glück! Johann Wolfgang v. Goethe

Und hat er Glück, so hat er auch Vasallen.

Johann Wolfgang von Goethe

Und so ist es denn nicht das Streben nach Glück, was auf der Erde uns leiten soll. Streben nach dem Unendlichen, Ausbildung seiner Seele, dies ist es, was wir ohne Hinsicht auf Lust und Ruhe unbedingt ausüben müssen. Sophie Mereau

Unrechtmäßig ist es, wenn man ohne zu schissen das Ziel treffen, ohne standzuhalten siegen, ohne Tätigkeit eine Unternehmung gut ausführen und als ein schlechter Mensch glücklich sein will. Plutarch von Chäronea

Unser letzter Zweck ist die Glückseligkeit, aber das einzige geeignete Mittel für diesen Zweck ist die Tugend und Geistesbildung. Gottlieb Wilhelm Freiherr von Leibnitz

Uns gehört nur die Stunde. Und eine Stunde, wenn sie
glücklich ist, ist viel.
Theodor Fontane

Unglück vereint, Glück trennt die Menschen. Karl Julius Weber

Unser Glück ist unmöglich ohne das Glück der anderen.
Nikolai Gawrilowitsch Tschernyschewski

Unsere Fehlschläge sind oft erfolgreicher als unsere
Erfolge..
Henry Ford

Unsere Stimmung gibt allen Gaben des Glückes ihren Wert.
Francois de La Rochefoucauld

Unsicher, los' und wandelbar sind alle Bande,
die das leichte Glück geflochten. Friedrich von Schiller

Unter allen Mitteln, sein Glück zu machen, ist das kürzeste
und beste das: die Leute klar erkennen zu lassen, dass es
in ihrem Interesse liegt, euch Gutes zu erweisen.
Jean de La Bruyére

Unverdientes Glück gibt törichten Gemütern Veranlassung
zu schlechten Gesinnungen, weshalb es den meisten weit
schwerer erscheint, ein Gut zu bewahren, als es in Besitz zu
bekommen.
Demosthenes

Verdummt waren die Hirten, und nach dem Herrn fragten
Sie nicht; darum hatten Sie kein Glück, und ihre Herde hat
sich zerstreut. Die Bibel, Jer.10,21

Vergiss nicht - man braucht nur wenig, um ein glückliches Leben zu führen.

Marc Aurel

Verlange nicht, dass alles, was geschieht, so geschieht, wie du es willst, sondern wünsche dir, dass alles so geschieht, wie es geschieht, und du wirst glücklich sein.

Epiktet

Verlass mich nie, mein Glück, du bunter Traum!

Friedrich Wilhelm Nietzsche

Vernunft, o Mensch, und Wille sind die Waffen, dein Glück zu schaffen.

Johann Gottfried von Herder

Verständig zu sein ist der Hauptteil des Glückes.

Sophokles

Vertraue auf dein Glück, - und du ziehst es herbei.

Lucius Annaeus Seneca

Viele erkennen zu spät, dass man auf der Leiter des Erfolges einige Stufen überspringen kann. Aber immer nur beim Hinuntersteigen.

William Somerset Maugham

Verzage nicht, auch bei allzugroßem Leid; vielleicht ist das Unglück die Quelle eines Glücks.

Menandros

Verzweiflung tröstet hoffnungslose Liebe, doch des Rivalen Glück erträgt sie nicht.

Richard Brinsley Sheridan

Viel besser ohne Glück als ohne Liebe sein.

Christian Fürchtegott *Gellert*

Viele Frauen sind nur auf ihren guten Ruf bedacht; aber die anderen werden glücklich.

Josephine Baker

Viele Menschen versäumen das kleine Glück, während sie auf das Große vergebens warten.

Pearl S. Buck

Viele Menschen wissen, dass sie unglücklich sind. Aber noch mehr Menschen wissen nicht, dass sie glücklich sind.

Albert Schweitzer

Viele suchen ihr Glück wie sie ihren Hut suchen, den sie auf dem Kopf tragen.

Nikolaus Lenau

Viele versäumen das kleine Glück, während sie auf das große vergebens warten.

Pearl S. Buck

Vielen gibt das Glück allzu viel, keinem genug.

Marcus Valerius Martialis

Vier Säulen stützen den Tempel der irdischen Glückseligkeit: Gesundheit, Gemütsruhe, Wohlstand und Freundschaft.

Sir Francis von Verulam Bacon

Vom Unglück frei zu sein, ist großes Glück.

Leopold Schefer

Vor allem aber muss man Glück noch haben; gar wenig helfen sonst die andern Gaben.

Ludovico Ariosto

Von allem, was die Weisheit zur Glückseligkeit des ganzen Lebens in Bereitschaft hält, ist weitaus das Wichtigste der Besitz der Freundschaft. *Epikur*

Von allen Sorgen, die ich mir machte, sind die meisten nicht eingetroffen. *Sven Hedin*

Von außen kommt dem Menschen nie sein Glück. *Leopold Schefer*

Von diesem Gesetzbuch sollst du allezeit reden und darüber nachsinnen Tag und Nacht, dass du genau tust nach allem, was darin geschrieben steht; denn alsbald wird es dir auf deinen Wegen gelingen, und du wirst Glück haben. *Die Bibel, Jos.1,8*

Vor dem Tode preise niemanden glücklich, denn an seinem Ende wird der Mensch erkannt. *Die Bibel, Sir.11,28*

Vorsicht ist die Einstellung, die das Leben sicher macht, aber selten glücklich. *Samuel Johnson*

Vor Unwürdigem kann dich der Wille, der ernste bewahren, alles Höchste, es kommt frei von den Göttern herab.
Wie die Geliebte dich liebte, so kommen die himmlischen Gaben. Oben in Jupiters Reich herrscht wie in Amors die Gunst. *Friedrich von Schiller*

Während wir uns immer nur in Bereitschaft halten, glücklich zu werden, ist es unvermeidlich, dass wir es niemals richtig sind. *Blaise Pascal*

Wäre ich doch so glücklich, wie ich reinen Herzens bin. *Ovid*

Wäre ich Narr genug, noch an das Glück zu glauben, so würde ich es in der Gewohnheit suchen.

François-René de Chateaubriand

Wären die Menschen in ihrem kleinen Garten geblieben, so hätten wir eine andere Vorstellung von Glück und Unglück als die, die wir jetzt haben.

Charles de Montesquieu

Wären die Menschen mit ihrem Glück so zufrieden wie mit ihrem Verstande, welche Millionen Glücklicher!

Karl Julius Weber

Wahre Freude ist eine ernste Sache.

Lucius Annaeus Seneca

Wahres Glück ist, seinen Geist frei zu entfalten.

Aristoteles

Wahrhaftig ist doch nur das ein Glück, das sich mit anderen teilen lässt.

Karl Ferdinand Gutzkow

Wahrlich, nur das ist elend, was du selbst dafür hältst, und jedes Los ist ein glückliches für den, der es mit Seelenruhe auf sich nimmt.

Anicius Boethius

Wann einem das Glück am allermeisten schmeichelt, pflegt es einen am allerersten zu betrügen.

Konrad I.

Ward des Guten mehr als Böses dir beschieden, kannst du sicherlich von höchstem Glück nur sagen.

Euripides

Waren die Römer weiser als es die Griechen waren? Und
sind wir's mehr als beide?
Johann Gottfried von Herder

Warum denn währt des Lebens Glück nur einen Augenblick? Die zarteste der Freuden stirbt wie ein Schmetterling,
der hangend an der Blume verging, verging.
Johann Gottfried von Herder

Warte auf das Glück, aber vergiss nicht, ihm die Türe zu
öffnen.
Anonymus

Warum haben wir unser Glück nicht bis zur letzten Tiefe
genossen, als es durch unsere Hände glitt?
Gustave Flaubert

Warum wir das Glück nicht finden? Weil wir da suchen, wo
es nicht ist, auf dem Gipfel des Daseins, in weiten Fernen,
wo die „blaue Blume" wächst. Das Glück aber ist an einem
stillen, dunklen, tief verborgenen Ort, der uns sehr nahe
liegt und wo wir dennoch nur allzu selten hinkommen:
In uns selbst.
Franziska von Kapff-Essenther

Was der Herr gibt, hat für die Gerechten Bestand,
und sein Wohlgefallen verleiht dauerndes Glück.
Die Bibel, Sir.11,17

Was dir auch Gutes gelingen mag, setze es auf Rechnung
der Götter.
Bias

Was glückselig und unvergesslich ist, hat weder selber
Sorgen, noch bereitet es anderen solche. Es hat also weder
mit Zorn noch mit Gunst etwas zu schaffen, denn alles
derartige gehört zur Schwäche.
Epikur von Samos

Was gibt Glück uns und andern?
Fest sein und stetig sein, stetig im Guten. Theodor Fontane

Was gibt uns wohl den schönsten Frieden, als frei am
eignen Glück zu schmieden. Johann Wolfgang von Goethe

Was hilft uns Glück, wenn's niemand mit uns teilt?
Ein einsam Glück ist eine schwere Last. Christian Dietrich Grabbe

Was hülfe mir mein Glück, wenn's zu genießen mir verboten
wäre? Christoph Martin Wieland

Was ist der Erde Glück? – Ein Schatten.
Was ist der Erde Ruhm? – Ein Traum.
Du Armer, der von Schatten du geträumt.
Der Traum ist aus, allein die Nacht noch nicht. Franz Grillparzer

Was ist Glück? Das Gefühl davon, dass die Macht wächst,
dass ein Widerstand überwunden wird. Friedrich Nietzsche

Was ist Glück? Eine demi-tasse im Café de la Bourse.
Von außen ist die Tasse groß, und man glaubt, es werde
uns viel eingeschenkt. Trinken wir aber, erfahren wir, dass
man uns keine fünfzig Tropfen gegeben, so spitzbübisch
sind Boden und Wände des Gefäßes. Carl Ludwig Börne

Was ist Glück? Übereinstimmung eines Charakters mit
seinem Schicksale. So kann es von Natur gegeben, vom
Geiste geschaffen werden. Ernst Freiherr v. Feuchtersleben

Was man für Glück zu halten pflegt, ist ein gesunder Leib,
Genüsse der Nahrung, schöne Kleider, Augenlust und die
Welt der Töne.

Chuangtse

Was ist glückseliger als frei von Sorgen zu sein?

Gaius Valerius Catull

Was man glücklich nennt, war ich nie.   Johann Georg Forster

Was nützt mir das Glück, wenn ich mich seiner nicht
bedienen darf?

Horaz

Was sollte uns Sorglosigkeit glücklich machen, wenn all
unsere Vorsorge uns nicht glücklich werden lies?

Luc de Clapiers Vauvenargues

Was sonst, heißt glückselig zu sein, wenn nicht dies: etwas
Ewiges erkennend besitzen.   Augustinus Aurelius

Was uns am unmittelbarsten beglückt, ist die Heiterkeit des
Sinnes; denn diese gute Eigenschaft belohnt sich augen-
blicklich selbst. Wer fröhlich ist, hat allemal Ursache es zu
sein: Nämlich eben diese, das er es ist.   Arthur Schopenhauer

Was wir auch in dieser Welt erlangen mögen, ist doch die
Liebe das höchste Glück.   Philipp Otto Runge

Was wollt ihr Menschen denn eigentlich erreichen, wenn ihr
so heiß nach dem Glück verlangt? Dem Mangel wollt ihr
durch den Überfluss entgehen. Aber gerade das Gegenteil
erreicht ihr damit.   Anicius Bethius

Weder vom Körper noch vom Geld hängt es ab, ob
Menschen glücklich sind, sondern ob der Mensch mit sich
zurechtkommt oder immer etwas anderes will. Demokrit

Weil das Glück aus seiner Tonnen die Geschicke blind
verstreut, freue sich und jauchze heut, wer das Lebenslos
gewonnen. Friedrich von Schiller

Weisheit ist nichts anderes als die Wissenschaft der
Glückseligkeit, so uns nämlich zur Glückseligkeit zu
gelangen lehrt. Gottfried Wilhelm Leibnitz

Weiß doch keiner, was ihm frommt hier auf dunklem Pfade.
Keiner zwingt das Glück, es kommt unverhofft als Gnade.
Friedrich von Bodenstedt

Weitab vom Glück sind des Toren Kinder. Die Bibel, Hiob 5,4

Welch Glück, geliebt zu werden. Und lieben, Götter, welch
ein Glück! Johann Wolfgang von Goethe

Wem das Glück nicht wohl will, der bricht das Bein auf
ebner Erd. Anonymus

Wem es nicht ein Bedürfnis geworden ist, glücklich zu sein,
der wird es niemals werden. Karl Gutzkow

Wem wohl das Glück die schönste Palme beut?
Wer freudig tut und sich des Getanen freut.
Johann Wolfgang von Goethe

Wen das Glück ehrt, der soll es wieder ehren. aus Japan

Wen das Glück in die Höhe hebt, den will's werfen. Anonymus

Wen das Unglück oft übergeht,
den findet es eines Tages doch. Lucius Annaeus Seneca

Wenig Raum für das, was wir Glück nennen, bleibt
zwischen der Bitterkeit der Enttäuschungen und der
Schalheit der Erfüllungen. Hans Krailsheimer

Wen die Welt zärtelt, dem will sie den Strick um den Hals
legen. Anonymus

Wenige Menschen sind verständig genug, um glücklich zu
sein. Jean de La Bruyére

Wenn alle Freude sich allmählich verdichtete und die ganze
Masse dauernd im menschlichen Körper oder wenigstens in
seinen wichtigsten Teilen herrschte, dann würde man gar
keine einzelnen Freuden mehr unterscheiden können. Epikur

Wenn alle Spieler auf eine angeblich todsichere Sache
spekulieren, geht es fast immer schief. André Kostolany

Wenn behauptet wird, dass die Menschen, die am
wenigsten empfinden, die glücklichsten sind, so erinnere ich
mich immer an das indische Sprichwort: Sitzen ist besser
als stehen, liegen besser als stehen, aber das beste ist tot
sein. Nicolas Chamfort

Wenn das alles so ist, dann ist das Gute für den Menschen die Tätigkeit der Seele aufgrund ihrer besonderen Befähigung, und wenn es mehrere solche Befähigungen gibt, nach der besten und vollkommendsten, und dies außerdem noch ein volles Leben hindurch. Denn eine Schwalbe macht noch keinen Frühling, und auch nicht ein einziger Tag, so macht auch nicht ein einziger Tag oder eine kurze Zeit einen glücklich oder selig.   Aristoteles

Wenn das Glück ihn verlässt, gilt der Gescheite als dumm.
August Heinrich Hoffmann von Fallersleben.

Wenn du am glücklichsten bist, sieht dich Gott.   aus Afrika

Wenn das Glück die Menschen verlässt, so verlässt sie alles.   Christine von Schweden

Wenn das Glück im sinnlichen Genuss bestände, so müssten wir das Vieh glücklich nennen, wenn es Wicken-futter findet.   Heraklit

Wenn das Glück in den Lüsten des Körpers bestände, dann müsste man das Rindvieh glücklich nennen, wenn es Erbsen zu fressen fände.   Heraklit von Ephesus

Wenn das Glück kommt, pack es mit fester Hand; von vorne aber, denn hinten ist es kahlköpfig.   Leonardo da Vinci

Wenn die Menschen dich nicht bewundern oder beneiden, bist du auch nicht glücklich.   Johann Wolfgang von Goethe

Wenn du einen Menschen glücklich machen willst, dann füge nichts seinem Reichtum hinzu, sondern nimm ihm einige von seinen Wünschen.

Epikur von Samos

Wenn du glücklich bist, ertragen dich die anderen nicht.

Aeschylos

Wenn du glücklich sein möchtest: Lebe !

Leo Nikolajewitsch Graf Tolstoi

Wenn es einen Menschen gibt, der die Gewalt des Schicksals, die Wechselfälle des Lebens, die Wirkung aller denkbaren Ereignisse erträglich findet, der sich infolgedessen weder von Furcht noch von Angst berühren lässt, sich keiner Begierde hingibt und keinem leerem Wonnerausch anheim fällt: Warum soll der nicht glücklich heißen?

Marcus Tullius Cicero

Wenn ich auf mein Unglück trete, stehe ich höher.

Friedrich Hölderlin

Wenn ein Mensch behauptet, mit Geld ließe sich alles erreichen, darf man sicher sein, dass er nie welches gehabt hat.

Aristoteles Onassis

Wenn ich einen grünen Zweig im Herzen trage, wird sich der Singvogel darauf niederlassen.

aus China

Wenn ich es mitunter unternommen habe, die mannigfaltige Unruhe der Menschen zu betrachten, ... so habe ich oft gesagt, dass alles Unglück der Menschen einem entstammt, nämlich dass sie unfähig sind, in Ruhe allein in ihrem Zimmer bleiben zu können.

Blaise Pascal

Wenn ich glücklich bin, bin ich stets gut; aber wenn ich gut bin, bin ich selten glücklich.

Oscar Wilde

Wenn ich mir überlege, was ich mir wünsche, finde ich, dass dafür keine andere Bezeichnung angemessen ist als das Wort „Glück".

William Morris

Wenn ich mit intellektuellen Freunden spreche, festigt sich in mir die Überzeugung, vollkommenes Glück sei ein unerreichbarer Wunschtraum. Spreche ich hingegen mit meinem Gärtner, bin ich vom Gegenteil überzeugt.

Bertrand Russell

Wenn jemand die höchste Stufe eines schmeichelhaften Glückes erreicht hat, ist er einem gefährlichen Abgrund am nächsten.

Sully Prudhomme

Wenn ihr glaubtet, glücklich zu sein, so wäret ihr es auch.

Voltaire

Wenn ihr wüsstet, wie glücklich man bei wenigem sein kann, wie unglücklich oft bei vielem.

Jeremias Gotthelf

Wenn man den Zustand eines Menschen seiner Glücklichkeit nach, abschätzen will, soll man nicht fragen nach dem, was ihn vergnügt, sondern nach dem, was ihn betrübt; denn je geringfügiger dieses an sich selbst genommen ist, desto glücklicher ist der Mensch, weil ein Zustand des Wohlbefindens dazu gehört, um gegen Kleinigkeiten empfindlich zu sein; im Unglück spüren wir sie gar nicht.

Arthur Schopenhauer

Wenn man einen Menschen in Freundschaft liebt, wünscht man ihn glücklich zu sehen.

Sully Prudhomme

Wenn man etwas, das man hört, beurteilt, so ist es ein Glück. Wenn man etwas hört ohne Urteil, so wäre es besser gar nichts gehört zu haben.

Lü Bu We

Wenn man erfolgreich ist, dann überschlagen sich die Freunde, aber erst wenn man einen Misserfolg hat, dann freuen sie sich wirklich.

Harry S. Truman

Wenn man glücklich ist, so gibt es noch viel zu tun: das Trösten der anderen.

Jules Renard

Wenn man glücklich ist, soll man nicht noch glücklicher sein wollen.

Theodor Fontane

Wenn man Gerechtigkeit im Kleinen übt, so hat man im Kleinen Glück, wenn man sie im Großen übt, so hat man im Großen Glück. Mit dem Unheil ist es nicht so. Wenig ist immer noch schlimmer als gar nichts.

Lü Bu We

Wenn man kein Geld hat, denkt man immer an Geld. Wenn man Geld hat, denkt man nur noch an Geld.

Jean Paul Getty

Wenn man sich recht herzlich freut, dass jemand Glück hatte, so ist damit noch nicht gesagt, dass man ihm auch einräumen will, das Glück verdient zu haben.

Karl Gutzkow

Wenn man kein Glück hat, soll man sich Glück anschaffen.

Friedrich Wilhelm Nietzsche

... wer am gierigsten auf das Glück aus ist, ist stets der Elendste.

Jean Jacques Rousseau

Wer an Glück glaubt, der hat Glück.

Christian Friedrich Hebbel

Wenn Mann und Frau zusammen leben im Land der Glückseligkeit und haben keinen anderen Menschen und kein ander Ding, um die sie sich in ihrem Glück kümmern, so ist das sehr gefährlich.

Li-Yü

Wenn wir einen Menschen glücklicher und heiterer machen können, so sollten wir es auf jeden Fall tun, mag er uns darum bitten oder nicht.

Hermann Hesse

Wenn wir nicht glücklich sind, wie schön ist es, wenn wir es zu sein verdienen?

Christoph Martin Wieland

Wer auf das Wort des Herrn achtet, der findet Glück.

Die Bibel, Spr.11,23

Wer auf den blumigen Höhen der Menschheit doch kein Glück erreicht, der ist, wenn er ohne Gott im Innern ist, hülfloser als der Niedrige, der wenigstens in der Anklage seiner tiefen Stellung die Hoffnung der Verbesserung sucht.

Jean Paul

Wer darauf vorbereitet ist, sieht das Glück eher.   Louis Pasteur

Wer das Glück nicht genießt, solange er es hat, sollte sich nicht beklagen, wenn es vorbei ist.   Miguel de Cervantes-Saavedra

Wer das Glück hat, führt die Braut heim. William Shakespeare

Wer das Glück nicht in sich selber finden kann,
wird es unnötigerweise anderswo suchen. Liselotte von der Pfalz

Wer dem Glück entsagt, hat das Glück erjagt. Ernst Ziel

Wer dem Glück nachjagt, muss leichtes Gepäck haben.
Honoré de Balzac

Wer dem Glück nachläuft, kann es selten einholen.
aus Südamerika

Wer dem großen Glück nachläuft, entläuft der Ruhe.
Jüdisches Sprichwort

Wer den Himmel nicht in sich selber trägt,
sucht ihn vergebens im ganzen Weltall. Otto Ludwig

Wer durch Kummer und Sorge gegangen ist, wer die
Bitternis gekostet hat, der versteht es, sich dem ganzen
Glück hinzugeben. Li Yü

Wer Einsicht bewahrt, der findet Glück. Die Bibel, Spr.19,8

Wer etwas Großes will, der muss sich zu beschränken
wissen, wer dagegen alles will, der will in der Tat nichts und
bringt es zu nichts. Georg Wilhelm Friedrich Hegel

Wer falschen Herzens ist, findet kein Glück. Die Bibel, Spr.17,20

Wer Freude genießen will, muss sie teilen.
Das Glück wurde als Zwilling geboren.　　　George Gordon Byron

Wer früh aufsteht, sammelt doppelt so viel Glück.
　　　　　　　　　　　　　　　　　aus Bosnien und Kroatien

Wer Glück erfuhr, soll mit Beglückung niemals geizig sein!
　　　　　　　　　　　　　　　　　　　　　Sophokles,

Wer Glück hat, dem fliegen gebratene Enten ins Maul.
　　　　　　　　　　　　　　　　　aus den Niederlanden

Wer Glück hat, dem legt sein Hahn.　　　　　aus Russland

Wer Glück hat, dem wächst ein Zitronenbaum, wenn er
einen Pfahl pflanzt.　　　　　　　　　　　　　aus Italien

Wer Glück liebt, muss auch sein Unglück willkommen
heißen.　　　　　　　　　　　　　　　　　Ludwig Tieck

Wer glücklich ist, der bringt das Glück und nimmt es nicht im
Leben. Es kommt von ihm und kehrt zurück zu dem, der es
gegeben.　　　　　　　　　　Friedrich Martin von Bodenstedt

Wer Glück will muss erwerben, was ihm kein Schicksals-
schlag entreißen kann.　　　　　　　　Aurelius Augustinus

Wer glücklich ist, der ist auch gut; das zeigt auf jeden Schritt
sich, denn wer auf Erden Böses tut, trägt seine Strafe mit
sich.　　　　　　　　　　　　Friedrich Martin von Bodenstedt

Wer glücklich ist, kann glücklich machen. Wer's tut,
vermehrt sein eigenes Glück.   Johann Wilhelm Ludwig Gleim

Wer glücklich ist, sollte nicht noch glücklicher sein wollen.
                                           Theodor Fontane

Wer glücklich sein will, muss zu Hause bleiben.
                                           aus Griechenland

Wer glücklich war, der wiederholt sein Glück im Schmerz.
                                           Johann Wolfgang von Goethe

Wer im eigenen Herzen sein Glück sucht, wird es nicht
fehlen; ewig quillet der Quell, dessen der Gute sich labt.
                                           Carl Ludwig von Knebel

Wer im Glück ist, der lerne den Schmerz.   Friedrich von Schiller

Wer in Unglück fällt, verliert sich leicht aus der Erinnerung
der Menschen.   Friedrich von Schiller

Wer ist denn glücklich? Die Reichen? – Niemand ist
glücklich, erklärte Frank, so etwas wie Glück gibt es nicht -
es sei denn, man arbeitet an einer Aufgabe, die einem
selbst und gleichzeitig anderen Leuten hilft.   Alan Sillitoe

Wer ist der Mann, der ein glückliches Leben begehrt
und gern gute Tage sähe? Der hüte seine Zunge vor dem
Bösen und seine Lippen vor trügerischer Rede; der meide
das Böse und tue das Gute; der suche den Frieden und
jage ihm nach.   Die Bibel, Ps.34,13-15

Wer ist glücklich? Die Götter wissen es, denn sie blicken ins Herz der Weisen, der Könige und der Hirten.

Charles de Montesquieu

Wer ist glücklich? Wer Gesundheit, Zufriedenheit und Bildung in sich vereinigt.

Thales von Milet

Wer mich lobt, erweckt in mir die Idee von der Macht, mit der immer die Idee vom Glück verbunden ist.

Claude Adrien Helvétius

Wer nicht zufrieden ist mit dem, was er hat, der wäre auch nicht zufrieden mit dem, was er haben möchte.

Berthold Auerbach

Wer nur grobe Nahrung, Wasser zum Trinken und einen gebeugten Arm als Kissen braucht, wird das Glück finden, ohne danach gesucht zu haben.

Konfuzius

Wer sein eigenes Leben und das seiner Mitmenschen als sinnlos empfindet, der ist nicht nur unglücklich, sondern kaum lebensfähig.

Albert Einstein

Wer sein Glück nur in Träumen findet, passt nicht zu wirklichen Freunden.

Johann Nepomuk Nestroy

Wer sein Glück so sehr von seiner Vernunft abhängig macht, wer es prüft und sozusagen seine Genüsse kontrolliert und n ur die ausgesuchtesten sich noch erlaubt, hat schließlich gar keines mehr.

Nicolas Chamfort

Wer sich am wenigsten auf das Glück verlässt, behauptet sich am besten.
Niccoló Macchiavelli

Wer sich hermetisch in gegenwärtiges oder vergangenes Glück einschließt, wird auch an ihm alt und grau.
Prentice Mulford

Wer ständig glücklich sein möchte, muss sich oft verändern.
Konfuzius

Wer sich keine Annehmlichkeiten versagen kann, wird sich nie ein Glück erobern.
Marie von Ebner Eschenbach

Wer will, soll glücklich sein, denn morgen ist uns nichts gewiss.
Lorenco I. de Medici

Wer wirklich gütig ist, kann nie unglücklich sein; wer wirklich weise ist, kann nie verwirrt werden; wer wirklich tapfer ist, fürchtet sich nie.
Konfuzius

Wer zu früh Erfolg hat, fängt an, sich selbst zu kopieren.
Friedensreich Hundertwasser

Wesentliche Dinge, um in diesem Leben Glück zu erlangen, sind: etwas zu vollbringen, etwas zu lieben und etwas zu hoffen.
Joseph Addison

Wie albern der Grundsatz über die Unbeständigkeit des Glücks, es gibt dar nix Beständigeres.   Johann Nepomuk Nestroy

Wie frei und glücklich Du im Leben bist, hängt davon ab, wie es Dir gelingt, die Probleme zu lösen, die Deinem Glück und Deiner Freiheit im Wege stehen.

Josef Kirschner

Wie berauschend es ist, zum erstenmale zu empfinden, dass es in unserer Macht steht, die Verklärung des Glückes auf ein geliebtes Angesicht zu zaubern. Als hätten wir Flügel, so löst es uns los und trägt uns hinauf in die sonnige Region, wo in dieser trüben Welt allein volle Befriedigung quillt – Glück zu geben.

Arthur Stahl

Wie das reinste Glück der Welt schon eine Ahnung vom Weh enthält.

Johann Wolfgang von Goethe

Wie glücklich ist ein Leben, wenn es mit der Liebe beginnt und mit dem Ehrgeiz endet.

Blaise Pascal

Wie glücklich man am Lande war, merkt man erst, wenn das Schiff untergeht.

Lucius Annaeus Seneca

Wie glücklich viele Menschen wären, wenn sie sich genauso wenig um die Angelegenheiten anderer kümmern würden wie um die eigenen.

Georg Christoph Lichtenberg

Wie jauchzt meine Seele und singet in sich. Kaum, dass ich's verhehle so glücklich bin ich.

Joseph Karl Benedikt Freiherr von Eichendorff

Wie man am besten ein Unglück ertrage? Wenn man sieht, dass es seinen Gegnern noch schlechter geht.

Thales

Wie oft das größte Glück zerstört ein Augenblick!

Anaximander von Milet

Wie mein Glück ist mein Lied. Willst du im Abendrot froh
dich baden? Hinweg ist', und die Erd ist kalt, und der Vogel
er Nacht schwirrt unbequem vor das Auge dir.

Johann Christian Friedrich Hölderlin

Wie oft träumt der Mensch eine künftige Glückseligkeit und
verschläft darüber die gegenwärtige.

Ignác Cornova

Wie sich Verdienst und Glück verketten, das fällt den Toren
niemals ein; wenn sie den Stein der Weisen hätten, der
Weise mangelte dem Stein.

Johann Wolfgang von Goethe

Wie unser Herz sich bläht, wenn nur ein Hauch des Glückes
es durchweht

Torquato Tasso

Wie wenig genügt, uns glücklich zu machen, wenn wir
fühlen, dass wir es verdient haben.

Mark Twain

Wie wunderbar, dass wir im Glück das rechte Glück
vermissen, und glücklich sind, wenn wir vom Glück nichts
wissen.

Ernst Raupach

Wieder ein Glück ist erlebt. Die gefährliche Dürre geneset,
und die Schärfe des Lichtes senget die Blüte nicht mehr.

Friedrich Hölderlin

Willkürlich handeln ist des Reichen Glück.
Johann Wolfgang von Goethe

Will das Glück sich mit mir einlassen, so muss es die
Bedingungen annehmen, die mein Charakter ihm stellt.

Nicolas Chamfort

Willst du dich vor Leid bewahren, so flehe zu den Un-
sichtbaren, dass sie zum Glück den Schmerz verleihn! Noch
keinen sah ich fröhlich enden, auf den mit immer vollen
Händen die Götter ihre Gaben streun.

Friedrich von Schiller

Willst du für eine Stunde glücklich sein, so betrinke dich.
Willst du für drei Tage glücklich sein, so heirate. Willst du für
acht Tage glücklich sein, so schlachte ein Schwein und gib
ein Festessen. Willst du aber ein Leben lang glücklich sein,
so schaffe dir einen Garten.

aus China

Willst Du glücklich leben, hasse niemanden und überlasse
die Zukunft Gott.

Johann Wolfgang von Goethe

Willst du glücklich sein, dann lerne erst leiden.

Iwan Sergejewitsch Turgenjew

Willst du glücklich sein im Leben, trage bei zu andrer Glück,
denn die Freude, die wir geben, kehrt ins eigne Herz zurück.

Marie Calm

Willst glücklich werden jederzeit, halt ein in Lust, halt aus in
Leid.

Friedrich Kirchner

Wind und Wellen sind immer auf der Seite des besseren
Seefahrers.

Edward Gibbon.

Willst du immer weiter schweifen? Sieh das Gute liegt so nah! Lerne nur das Glück ergreifen, denn das Glück ist immer da.

Johann Wolfgang von Goethe

Wir alle sind Freunde der Glücklichen, während dem Unglücklichen noch nicht einmal der Vater ein freund ist.

Aristoteles

Wir arbeiten um der Arbeit willen, weil uns das Talent zum Glück fehlt.

Friedrich Sieburg

Wir behaupten oft, Luxus und Bequemlichkeit gehören zum Leben. Aber genügt nicht zum wirklichen Glück meist nur ein Gegenstand, der uns leidenschaftlich beschäftigt?

Charles Kingsley

Wir berauben uns des Glücks, wenn wir zuviel vom Glück erwarten.

Bernard de Bovier de Fontenelle

Wir haben keine Zeit, wir selber zu sein. Wir haben nur Zeit, glücklich zu sein.

Albert Camus

Wir meinen alle, Eldorado läge nur eine Nasenlänge vor uns, und es läge nur an uns, es zu erreichen. Wilhelm Raabe

Wir denken selten bei dem Licht an Finsternis, beim Glück an Elend, bei der Zufriedenheit an Schmerz; aber umgekehrt jederzeit. Immanuel Kant

Wir müssen die Courage haben, glücklich zu sein.

Henri Fédéric Amiel

Wir plagen uns weniger, glücklich zu werden,
als glauben zu machen, dass wir es seien.

François de La Rochefoucauld

Wir opfern dem Glück meist mehr, als es uns schenkt.

Anonymus

Wir sind nicht auf der Welt um glücklich zu werden, sondern
um unserer Pflicht zu erfüllen.

Immanuel Kant

Wir sind nur dadurch erfolgreich, dass wir uns im Leben
oder im Krieg oder wo auch immer ein einzelnes
beherrschendes Ziel setzen, und diesem Ziel alle anderen
Überlegungen unterordnen.

Dwight D. Eisenhower

Wir sind unfähig, die Wahrheit und das Glück zu wünschen,
und sind weder der Gewissheit noch des Glückes fähig.

Blaise Pascal

Wir streben mehr danach, Schmerz zu vermeiden als
Freude zu gewinnen.

Sigmund Freud

Wir suchen unser Glück außerhalb von uns selbst, noch
dazu im Urteil der Menschen, die wir doch als kriecherisch
kennen und als wenig aufrichtig, als Menschen ohne Sinn
für Gerechtigkeit, voller Missgunst, Launen und Vorurteile:
wie absurd!

Jean de La Bruyère

Wir wären elend, wenn nicht aus Kleinigkeiten unsere
Glückseligkeit zusammengesetzt wäre, deren Summe
eitel ist, aber die im einzelnen doch fähig ist, uns zu be-
schäftigen.

Caroline von Böhmer-Schlegel-Schelling

Wir wissen, dass ein Glück, dass wir der Lüge verdanken, kein wahres Glück ist.
Heinrich Heine

Wir wollen alles und davon möglichst viel! Wir wollen auf Erden glücklich sein und wollen nicht mehr darben, verschlemmen soll nicht der faule Bauch, was fleißige Hände erwarben.
Heinrich Heine

Wir wollen einander nicht aufs ewige Leben vertrösten. Hier noch müssen wir glücklich sein.
Johann Wolfgang von Goethe

Wirf das Joch des Überflüssigen ab, werde reich ohne Geld, und du bist glücklich.
Fénélon

Wirklich glücklich sind nur die ganz dummen Leute.
Johannes Scherr

Wirklich glaubte ich, ungetrübtes Glück sorglos immer zu haben: Seht, die Hoffnung täuschte mich.
Hartmann von Aue

Wisse, Menschenglück ist gar wankelmütig. Wisse, flüchtig die Güter auch. Eins steht ewig fest als ein uns Gesetztes: Nichts, was irdisch erzeugt, beharrt.
Anicius Boethius

Wo war, wo ist, wo wird sie sein, die Stunde, wahrem Glück erlesen? Sie ist und sie wird nicht sein, denn sie ist immer nur gewesen. Das wir glücklich waren, wissen wir erst, wenn wir es nimmer sind.
Anastasius Grün

Wo das Glück einmal eingekehrt, da greift es leicht um sich.
Gottfried Keller

Wohl kann die Brust den Schmerz verschlossen halten,
doch stummes Glück erträgt die Seele nicht.

Johann Wolfgang von Goethe

Wozu soll mir das Glück, wenn unvergönnt der Gebrauch
mir ist?

Horaz

Zeiten langen Glücks zerrinnen oft in einem Augenblick, so
wie die heißen Sommertage von einem Gewittersturm
verweht werden.

Luc de Clapier Vauvenargues

Wo Herz, da auch Glück.

aus Polen

Zu einer friedlichen Familie kommt das Glück von selber.

aus China

Zürne dem Glücklichen nicht, dass den leichten Sieg ihm
die Götter schenken, dass aus der Schlacht Venus den
Liebling entrückt.

Friedrich von Schiller

Zuletzt ermessen doch nicht die Glücklichen selbst, sondern
nur die Entbehrenden ganz und voll das Glück der
Glücklichen. Wohlmeinend mischen die Götter gern einen
tropfen Wermut in jeden Freudenbecher: denn nur das
getrübte oder gefährdete Glück kommt zum Bewusstsein.

Robert Hamerling

Zukunft ist jene Zeit, in der unsere Geschäfte gut gehen,
unsere Freunde treu sind und unser Glück gesichert ist.

Ambrose Bierce

Zu lieben ist Segen, geliebt zu werden Glück.

Leo Tolstoi

Zum Erwerben eines Glücks gehört Fleiß und Geduld, und zur Erhaltung desselben gehört Mäßigung und Vorsicht. Langsam und Schritt für Schritt steigt man eine Treppe hinauf. Aber in einem Augenblick fällt man hinab und bringt Wunden und Schmerzen genug mit auf die Erde.

Christian Friedrich Hebbel

Zum Glück gehört auch ein bisschen Überfluss. Knapp bemessenes Glück ist selten von großer Dauer.

Victor Marie Hugo

Zum Glück gibt es nur zwei Wege –entweder sich so hoch erheben, dass einem die Welt winzig erscheint, oder sich niederlassen in eine tiefe Furche, wo einem jeder Grashalm als etwas Großes erscheint. Johann Nepomuk Nestroy

Zum Glück ist's nicht zu spät. Georg Rollenhagen

Zuneigung zu empfangen, ist eine machtvolle Glücksquelle; der Mensch aber, der sie fordert, wird sie nicht erlangen.

Bertrand Russell

Zweierlei lass dir gesagt sein: Willst du stets in Weisheit wandeln und von Torheit nie geplagt sein; lass das Gluck nie deine Herrin, nie das Unglück deine Magd sein

Friedrich Martin von Bodenstedt

Zwei Dinge sind schädlich für jeden, der die Stufen des Glücks will ersteigen. Schweigen, wenn es Zeit ist zu reden, und reden, wenn es Zeit ist zu schweigen. F. M. von Bodenstedt

Zwischen Sinnenglück und Seelenfrieden bleibt dem Menschen nur die bange Wahl. Friedrich von Schiller

Namen und biographische Daten:

Abraham Lincoln (1809 - 1865) 16. Präsident der USA
Adalbert Stifter (1805 - 1868) österr. Schriftst., Maler, Pädagoge
Adalbert von Chamisso (1781 – 1831), deutsch-franz. Dichter
Adam Smith (1723 - 1790), schottischer Philosoph und Ökonom
Adolf Kolping (1813 - 1865) Priester, Gründer des Kolpingwerkes
Adolf Müllner (1774 - 1829) deutscher Rechtsanwalt, Schriftsteller
Adolph Frhr.v. Knigge (1752 - 1796), dt. Schriftsteller und Aufklärer
Aeschylos (525 – 456 v.Chr.) griechischer Tragödiendichter
Agatha Christie (1890 - 1976) britische Schriftstellerin
Alain (Émile Chartier; 1868–1951), franz. Philosoph, Schriftsteller
Alan Sillitoe (1928 - 2010) britischer Schriftsteller
Albert Einstein (179 - 1955), Physiker und Nobelpreisträger,
Albert Lortzing (1801 - 1851) dt. Schauspieler Librettist, Dirigent
Albert Schweitzer (1875 - 1965), Arzt, Theologe, Philosoph
Albrecht Graf Wickenburg (1838-1911) österreischischer Lyriker
Aldous Huxley (1894 - 1963), britischer Schriftsteller,
Alexander Gribojedow (1795-1829) russ. Dichter, Diplomat
Alexander Pope (1688 -1744) engl. Dichter, Schriftst., Übersetzer
Alexandre Dumas, d. Jüngere (1824-1895) franz. Schriftst., Dichter
Alfred Wilhelm Dove (1844 - 1916) Historiker, Essayist
Ali ibn Abi-Talib (um 600 - 661) zentrale Figur des Islam
Alphonse Karr (1808-1890) franz. Journalist, Schriftst., Satiriker
Ambrose Gwinneth Bierce (1842–1914), amer. Schriftst., Journalist
Anastasius Grün (1806 - 1876) slowenischer Politiker, Lyriker
Anaximander von Milet (610-547 v.Chr.) griechischer Philosoph
André Gide (1869 -1951), franz. Schriftst., Literaturnobelpreisträger,
André Kostolany (1906 - 1999) Schriftsteller, Spekulant
Andreas Tscherning (1611 - 1659) deutscher Lyriker, Liederdichter
Angelus Silesius (1624 - 1677), deutscher Theologe und Lyriker,
Anne Louise Germaine de Stael (1766-1817) franz. Schriftstellerin
Annette von Droste-Hülshoff (1797-1848) deutsche Schriftstellerin
Anselm Feuerbach (1804 - 1872), deutscher Philosoph,
Anton Pawlowitsch Tschechow (1860 - 1904), russ. Schriftsteller,
Anton Philipp Reclam (1807-1896) deutsch. Verleger, Buchhändler
Aristoteles (384 – 322 v.Chr.) griechischer Phiosoph,
Aristoteles Onassis (1906-1975) griechischer Reeder
Ammianus Marcellinus (330-395) rönischer Historiker
Armin Mueller-Stahl (1930) deutscher Schauspieler
Arthur Rubinstein (1887-1982) polnisch-amerlikanischer Pianist
Arthur Schopenhauer (1788 – 1868), Philosoph, Autor
Arthur Stahl (1830-1876) deutsche Schriftstellerin unter Pseudonym
Arthur Wellesley Herzog v.Wellington(1769-1852) brt.Feldmarschall
August Boeckh (1785-1865) deutscher Philologe, Altertumsforscher
August Graf v.Platen Hallermund (1796-1835) Dramatiker, Lyriker

August Heinrich Hofmann v. Fallersleben (1798 -1874), dt. Dichter
August von Kotzebue (1761 - 1819), deutsch Schriftst., Dramatiker
Aurelius Augustinus (354 - 430), römischer Theologe, Philosoph,
Baltasar Gracián y Morales (1601-1658) span. Schiftsteller, Jesuit
Baruch de Spinoza (1632 - 1677), niederländischer Philosoph
Benjamin Franklin (1706 - 1790), amerik. Schriftsteller, Staatsmann
Bernard Le Bovier de Fontenelle (1657-1757) franz. Schriftsteller
Bernhard Freidank (etwa 1180-1233) Kleriker, Lehrer
Bernhard von Clairvaux (1090-1153) Mönch, Mystiker, Prediger
Berthold Auerbach (1812-1882) deutscher Schriftsteller
Bertrand Russell (1872 - 1970), britischer Philosoph, Mathematiker
Blaise Pascal (1623 – 1662),franz. Mathematiker, Literat, Philosoph
Bogumil Goltz (1801-1870) preußischer Schriftsteller
Buddha (ca. 563-483 v.Chr.) Siddharta Gautama, Religionsgründer
Carl Hilty (1833 – 1909), schweizer Staatsrechtler,Laientheologe
Carl Ludwig Börne (1786-1837) deutscher Journalist,Theaterkritiker
Carl Ludwig von Knebel (1744-1834) deutscher Lyriker, Übersetzer
Carl Spitteler (1845–1924), schweiz. Schriftsteller, Dichter,
Carlo Ponti (1912-2007) italienischer Filproduzent
Carmen Sylva (1843 – 1916), Prinzessin Elisabeth Pauline Ottilie
Luise zu Wied, durch Heirat Königin von Rumänien, Schriftstellerin
Caroline von Schelling (1763-1809) deutsche Schriftstellerin
Charles Baudelaire (1821-1867) französischer Schriftsteller
Charles Darwin (1809 – 1882), britischer Naturforscher
Charles Kettering (1876-1958) amerik. Bauer, Techniker, Philosoph
Charles Kingsley (1819-1875) britischer Schriftsteller, Theologe
Charles-Louis de Montesquieu (1689-1755)französischer Philosoph
Christian Dietrich Grabbe (1801-1836) deutscher Dramatiker
Christian Friedr. Hebbel (1813-1863) deutscher Dramatiker, Lyriker
Christian Fürchtegott Gellert (1715 - 1769), Schriftsteller, Philosoph
Christian Morgenstern (1871–1914) deutscher Dichter, Schriftsteller
Christian Wernicke (1661-1725)deutscher Epigrammatiker,Diplomat
Christine von Schweden (1626-1689) schwedische Königin
Christoph Martin Wieland (1733-1813)deutscher Dichter,Übersetzer
Claude Adrien Helvétius (1715-1771) französischer Philosoph
Clint Eastwood (1930) amerikanischer Schauspieler, Politiker
Connie Palmen (1955) niederländische Schritstelerin
Constance de Salm (1767-1845) franz. Dichterin, Schriftstellerin
Dale Carnegie (1855-1955) amerik. Kommunikationstrainer
Daniel Spitzer (1835-1893) österreichischer, Journalist, Jurist
Danny Kaye (1913-1987) amerikanischer Schauspieler, Komiker
Demokrit (etwa 460-370 v.Chr.) griechischer Philosoph
Demosthenes (384-322 v.Chr.) griechischer Redner, Staatsmann
Denis Diderot (1713-1784) französischer Schriftsteller, Philosoph
Dietrich Bonhoeffer (1906-1945) evangelischer Theologe
Diogenes von Sinope (ca. 405-320 v.Chr.) griechischer Philosoph

Donatien Alphonse Francois Marquis de Sade (1740-1814)
Dschuang Dsi (365-290 v.Chr.) chinesischer Dichter, Philosoph
Dwight D. Eisenhower (1890-1969) 34.Präsident der USA
Edgar Allan Poe (1809-1849) amerikanischer Schriftsteller
Eduard Mörike (1804-1875) deutscher Lyriker, Erzähler, ev. Pfarrer
Edward Gibbon (1737-1794) britischer Historiker
Emil Oesch (1894-1974) schweizerischer Schriftsteller, Verleger
Emilio Castelar y Ripoll (1832-1899) span. Schriftsteller, Politiker
Emmanuel Geibel (1815 – 1884), deutscher Dichter,
Emmy von Rothenfels (1822-1871) deutsche Schriftstellerin
Epiktet (50-138) griechischer Philosoph
Epikur von Samos (341 – 270 v.Chr.), griechischer Phiosoph
Erasmus von Rotterdam (1466-1536) niederl. Theologe, Philosoph
Erich Fromm (1900 – 1980), Psychoanalytiker, Philosoph,
Ernest Hemingway (1899-1961) amerik. Abenteurer, Schriftsteller
Ernst Frhr.v. Feuchtersleben (1806 - 1849), Philosoph, Arzt, Lyriker
Ernst Jünger (1895-1998) deutscher Schriftsteller, Philosoph
Ernst Moritz Arndt (1769 - 1860), Schriftsteller, Lyriker, Demokrat
Ernst Raupach (1784-1852) deutscher Schriftsteller
Ernst Ziel (1841-1921) deutscher Schriftsteller, Redakteur
Euripides (480 – 406 v.Chr.), griechischer Tragödiendichter
Evariste de Parnys (1753-1814) französischer Dichter
Ewald Christian von Kleist (1715-1759) deutscher Dichter
Fénélon (1651-1715) französischer Bischof, Schriftsteller
Ferdinand Raimund (1790 - 1836) österreichischer Schauspieler
Fjodor Michailowitsch Dostojewskij (1821 -1881), russ. Schriftsteller
Frances Hodgson Burnett (1849 - 1924) britische Scgriststellerin
Francesco Petrarca (1304 - 1374) italienischer Dichter,Schreiber
François Duc de La Rochefoucauld (1613 - 1680), franz. Adliger,
François Lelord (1953) französischer Psychater, Schriftsteller
Francois-Rene de Chateaubriand (1768-1848) franz. Politiker, Autor
Francois Truffaut (1932-1984) franz. Schauspieler, Regisseur
Françoise Sagan (1935 – 2004), franz. Schrifstellerin
Frank Wedekind (1864-1918) deutscher Schriftsteller, Dramatiker
Franz Freiherr von Dingelstedt (1814-1881) deutscher Dichter
Franz Grillparzer (1791 – 1872), österr. Schriftsteller, Dramatiker
Franz Kafka (1883 – 1924), österreichischer Schriftsteller,
Franz Ludwig Feodor Löwe (1816-1890) deutscher Schauspieler
Franz von Pocci (1807-1876) deutscher Zeichner, Schriftst.,Musiker
Franz von Assisi (1181-1226) italienischer Einsiedler und Heiliger
Franziska Gräfin z. Reventlow (1871-1918) deutscheSchriftstellerin
Franziska von Kapff-Essenther (1849-1899) österr. Intellektuelle
Friedensreich Hundertwasser (1928-2000) öserreichischer Künstler
Friedl Beutelrock (1889-1958) deutsche Schriftstellerin
Friedrich Schleiermacher (1768-1834) evang. Theologe,Philosoph
Friedrich Freiheit von Logau (1604-1655) deutscher Satiriker, Autor

Friedrich Halm (1806 – 1871), österreichischer Dichter, Novellist
Friedrich Hebbel (1813 – 1863), deutscher Dramatiker und Lyriker
Friedrich Hölderlin (1770 – 1843), deutscher Lyriker
Friedrich Jacobs (1764 – 1847), deutscher Philologe, Numismatiker
Friedrich Kirchner (1848) deutscher Philosoph
Friedrich Ludewig Bouterwek (1766-1828) deutsch.philosoph, Autor
Friedrich Martin v. Bodenstedt (1819–1892), deutscher Schriftsteller
Friedrich Rückert (1788 – 1866), deutscher Dichter und Übersetzer
Friedrich von Schiller (1759 – 1805), deutscher Dichter, Philosoph
Friedrich Schlegel (1772-1822) deutscher Dichter, Philosoph
Friedrich Sieburg (1893-1964) deutscher Schriftsteller
Friedrich von Hagedorn (1708-1754) deutscher Dicher
(Friedrich) Wilhelm v. Humboldt (1767-1835) deutscher Gelehrter
Friedrich Wilhelm Jos. v.Schelling (1775-1854) deutscher Philosoph
Friedrich Wilhelm Nietzsche (1844 - 1900), Philosoph, Dichter,
Friedrich II.(1712-1786) „der Große", König von Preußen
Fritz Reuter (1810-1874) deutscher Dichter, Schriftsteller
Funny Lewald (1811-1889) deutsche Schriftstllerin
Gabri.-Emilie du Chatelet (1706-1749) franz.Physikerin, Philosophin
Gaius Caecilius Secundus Plinius (ca.61-115) röm. Anwalt, Senator
Gaius Julius Caesar (100-44 v.Chr.) röm. Feldherr, Staatsmann
Gaius Valerius Catull (ca.1.JH v.Chr.) röm. Dichter
Gerd Gaiser (1908-1976) deutscher Schriftsteller
Georg Christoph Lichtenberg (1742–1799), dt. Schriftst., Physiker
Georg Johann von Keil (1781-1857) deutscher Schriftsteller
Georg Moritz Ebers (1837-`96) deutscher Schriftsteller, Ägyptologe
Georg Philipp Schmidt v.Lübeck (1766-1849) deutsch. Schriftsteller
Georg Rollenhagen (1542.1609) deutscher Prediger, Dramatiker
Georg Wilhelm Friedrich Hegel (1770 – 1831), deutscher Philosoph
George Bernard Shaw (1856 - 1950), irisch –britischer Dramatiker,
George Sand (1804 - 1876), franz. Schriftstellerin
Germaine de Staël-Holstein (1766 - 1817), franz. Schriftstellerin,
Giacomo Casanova (1725 – 1798), venezian. Schriftst., Abenteurer
Giacomo Graf Leopardi (1798-1837) ital. Dichter, Philologe,Essayist
Gilbert Keith Chesterton (1864-1936) engl. Buchautor, Journalis
Gisela Grimm von Arnim (1827-1889) deutsche Schriftstellerin
Giovanni Boccaccio (1313 - 1375), Schriftsteller, Dichter, Demokrat
Giuseppe Renato Imperiali (1651-1731) ital. Theologe, Kardinal
Gottfried August Bürger (1747-1794) deutscher Dichter
Gottfried Keller (1819-1890) schweizer Dichter, Politiker
Gottfried von Straßburg (bis 1215), deutscher Dichter d. Mittelalters
Gottfried Wilhelm v. Leibniz (1646-1714) deutscher Wissenschaflter
Gotthold Ephraim Lessing (1729 - 1781), dt. Dichter, Dramatiker
Gottlieb Konrad Pfeffel (1736 - 1809), deutsch. Schriftsteller
Gottlieb Moritz Saphir (1795-1858) österr. Schriftsteller, Satiriker
Graf Vittorio Alfieri (1749 - 1803) italienischer Dichter, Dramatiker

Gustav Adolf Lindner (1828-1887) böhmischer Philosoph,Pädagoge
Gustav Freytag (1816-1895) deutscher Schriftsteller
Gustav Rümelin (1815-1889) deutscher Politiker, Pädagoge
Gustave Flaubert (1821-1880) franz. Schriftsteller, Romancier
Hafes (1320-1289) persischer Dichter
Hans Christian Andersen (1805-1875) dän. Schriftsteller, Dichter
Harry S. Truman (1884-1972) 33.Präsident der USA
Hartmann von Aue (ca. 12. JH)) deutscher Dichter
Heinrich Daniel Zschokke (1771-1848) deutsch.Schriftst.,Pädagoge
Heinrich Heine (1797 -1856), deut. Schriftsteller, Dichter, Journalist
Heinrich Martin (1818-1872) deutscher Schriftsteller
Heinrich von Kleist (1777 - 1811), dt. Dramatiker, Erzähler, Lyriker
Heinrich von Sybel (1817-1895) deutscher Historiker, Politiker
Helmuth Karl Bernhard v.Moltke (1800-1891), Generalfeldmarschall
Henri Fédéric Amiel (1821-1881) schweizer Schriftsteller, Philosoph
Henri Stendhal (1783 - 1842), französischer Schriftsteller
Henriette Wilhelmine Hanke (1782-1865) polnische Schriftstellerin
Henrik Ibsen (1828-1906) norwegischer Schriftsteller, Dramatiker
Henry de Montherlant (1895-1972) franz. Essayist, Dramatiker
Henry Ford (1863-1947) amerik. Unternehmer, Publizist
Henry Louis Mencken (1880-1956) amerik. Schriftsteller, Journalist
Henry,1st Viscount Bolingbroke (1678-1751) brit.Politiker,Philosoph
Heraklit von Ephesus (ca. 520-460 v.Chr.) griechischer Philosoph
Herman von Schmid (1815-1880) österr. Dramatiker, Erzähler
Hermann Hesse (1877 – 1962), Pseudonym: Emil Sinclair,
Herrmann Marggraff (1809-1864) deutscher Schriftsteller, Journalist
Hermann Weise (1830-1918) deutscher Schriftsteller
Honore de Balzac (1799 - 1850), französischer Schriftsteller
Horaz (65 – 8 v.Chr.), römischer Dichter
Ignác Cornova (1740-1822) böhmischer Priester, Historiker, Dichter
Immanuel Kant (1724 - 1804), deutscher Philosoph
Ingrid Bergman (1915-1982) schwedische Schauspielerin
Iwan Sergejewitsch Turgenjew (1818-1883) russ.Schriftsteller
Jacob Burckhardt (1818-1897) schweizer Kulturhistoriker
Jack Nicholson (1937) amerikanischer Schauspieler
Jacques Bénigne Bossuet (1624 -1704), franz. Schriftst., Bischof
Jean Anouilh (1910 - 1987), französischer Schriftsteller
Jean Anthelme Brillat-Savarin (1755-1826)Schriftsteller,Gastrosoph
Jean Baptiste Racine (1639-1699) franz. Schriftsteller, Dramatiker
Jean de La Bruyère (1645 - 1696), französischer Schriftsteller
Jean-François Ducis (1733-1816) französischer Dramatiker
Jean Genet (1910-1086) franz. Dichter, Dramatiker, Romanautor
Jean-Jaques Rousseau (1717 -1778), Genfer Schriftst., Philosoph,
Jean Paul (1763 - 1825), deutscher Schriftsteller
Jean-Paul Belmondo (1933) französischer Schauspieler
Jeremias Gotthelf (1797 - 1854), schweizerischer Schriftsteller

Jeremy Bentham (1748-1832) engl. Jurist, Philosoph, Reformer
Johann Christian Friedrich Hölderlin (1779-1843) deutscher Lyriker
Johann Christoph Friedr. v. Schiller (1759-1805) deutscher Dichter
Johann Georg Forster (1754-1794) dt. Wissenschaftler,Schriftsteller
Johann Gottfr. v.Herder (1744-1803) dt.Dichter,Philosoph,Theologe
Johann Heinrich Pestalozzi (1746 - 1827), schweizer Pädagoge
Johann Jakob Mohr (1824-1886) deutscher Dramatiker, Pädagoge
Johann Jakob Wilhelm Heinse (1746-1803) dt. Schriftsteller
Johann.Caspar Lavater (1741-1801), schweizer. Pfarrer, Philosoph
Johann Nepomuk Nestroy (1801 – 1862), österr. Schauspieler
Johann Peter Hebel (1760-1826) deutscher Dichter, Theologe
Johann Strauß (1804-1849) österr. Kapellmeister, Komponist
Johann Wilhelm Ludwig Gleim (1719.1803) deutscher Dichter
Johann Wolfgang von Goethe (1749 - 1832), deutscher Dichter
Johannes Scherr (1817-1886) deutscher Historiker, Schriftsteller
Johannes Trojan (1837-1915)deutscher Schriftsteller
John Knittel (1891-1970) schweizer Schriftsteller
John Locke (1632-1704) englischer Philosoph
John Owen (1563-1622) walisischer Schriftsteller, Epigrammatiker
John Stuart Mill (1806-1873) engl. Philosoph, Ökonom
Joseph Addison (1672-1719) engl. Dichter, Politiker, Journalist
Joseph Joubert (1754 – 1824), französischer Moralist und Essayist
Joseph Karl Benedikt von Eichendorff (1788-1857) dt. Lyriker
Josef Kirschner (1831) österreichischer Journalist, Moderator
Joseph Victor von Scheffel (1826 - 1886), deutscher Autor, Dichter
Josephine Baker (1906 – 1975), amerik. Sängerin, Schauspielerin
Jules Renard (1864-1910) französischer Schriftsteller
Julie Burow (1806-1868) deutsche Schriftstellerin
Julius Lohmeyer (1835-1903) deutscher Schriftsteller
Julius Wilhelm Zincgref (1591-1635) deutscher Lyriker
Juvenal (58- ca 130) römischr Dichter, Satiriker
Karl August Varnhagen v. Ense (1785-1858) dt. Diplomat, Autor
Karl Emil Franzos (1848-1904) österr. Schriftsteller Publizist
Karl Ferdinand Gutzkow (1811-1878) dt. Schriftsteller, Journalist
Karl Gerok (1815-1890) deutscher Theologe, Lyriker
Karl Gustav v. Brinckmann (1764-1847) schwed. Diplomat, Dichter
Karl Julius Weber (1767-1832) deutscher Schriftsteller, Satiriker
Karl Marx (1818-1883) deutscher Philosoph, Journalist, Ökonom
Karl Theodor Körner (1791-1813) deutscher Dichter, Dramatiker
Kleobulus von Lindos (6.JH.v.Chr.) griech. Staatsmann
Konfuzius (551 - 479), chinesischer Philosoph
Konrad I. (ca. 881-918) Herzog v. Franken, König von Ostfranken
Königin Luise von Preußen (1776-1810)
Laotse (6.Jh v.Chr.), chinesischer Philosoph
Laurentius Laurentii Laurinus (1573-1655) schwed. Pfarrer, Dichter
Leo Nikolajewitsch Graf Tolstoi (1828 – 1910), russ. Schriftsteller

Leonardo da Vinci (1452 - 1519), ital. Maler, Bildhauer, Philosoph
Leopold Ritter von Sacher-Masoch (1836-1895) österr. Schriftsteller
Leopold Schefer (1784-1862) deutscher Dicher, Komponist
Liselotte von der Pfalz (1652-1722) deutsch-französische Herzogin
Lord Georg Gordon Noel Byron (1788 - 1824), englischer Dichter
Lorenco I. de Medici (1449-1492) ital. Dichter, Politiker, Stadtherr
Louis Adolphe Thièrs (1797-1877) franz. Politiker, Historiker
Louis Pasteur (1822-1895) franz. Chemiker, Mikrobiologe
Luc de Clapiers de Vauvenargues (1715 - 1747), franz. Philosoph,
Lucius Annaeus Seneca (4 – 65 n.Chr.), röm, Dichter, Philosoph
Ludovico Ariosto (1474-1533) ital. Humanist, Dichter
Ludwig A. Feuerbach (1804-1872) deut. Philosoph, Antropologe
Ludwig Bechstein (1801-1860) deutscher Apotheker, Schriftsteller
Ludwig Börne (1786-1837) deutscher Journalis, Theaterkritiker
Ludwig Tieck (1773 - 1853), deutscher Dichter, Dramatiker, Kritiker
Lukian von Samosata (120-180) syrischer Schriftsteller
Lü Bu We (ca.300-235 v.Chr.) chin. Kaufmann, Politiler, Philosoph
Mahatma Gandhi (1869 -1948), ind. Rechtsanwalt, Anführer
Marc Aurel (121-180) römischer Kaiser
Marcel Proust (1871-1922) französischer Schriftsteller
Marcus Tullius Cicero (106 – 43 v.Chr.), röm. Philosoph, Politiker,
Marcus Valerius Martialis (40-104) römischer Dichter
Marie Calm (1832-1887) deutsche Schriftstellerin, Pädagogin
Marie de Rabutin-Chantal de Sévigné (1626-1696) franz. Autorin
Marie Frfr.v. Ebner-Eschenbach (1830-1916), öster. Schriftstellerin
Mark Twain (1835 - 1910), amerikanischer Schriftsteller
Martin Luther (1483 - 1546), deutscher Theologe, Mönch,
Martin Opitz (1597-1639) deutscher Dichter
Matthias Claudius (1740-1815) deutscher Dichter, Journalist
Maurice Barrès (1862.1923) franz. Politiker, Romancier, Journalist
Maurice Maeterlinck (1862-1949) belg. Schriftsteller, Dramatiker
Menander (341-292 v.Chr.) griechischer Komödiendichter
Metrodorus von Chios (5.-4- JH v.Chr.) griechicher Philosoph
Michael Drayton (1563-1631) englischer Dichter
Michail Gorbatschow (1931) russischer Politiker, Staatsmann
Michael Jurjewitsch Lermontow (1814-1841) russischer Dichter
Michel de Montaigne (1533-1592) franz. Politiker, Philosoph
Miguel de Cervantes-Saavedra (1547 - 1616), span. Schriftsteller
Mönch von Salzburg (14.JH) Lyriker, Dichter, Komponist
Napoleon I. Bonaparte (1769-1821) franz. Staatsmann, Kaiser
Nathaniel Hawthorne (1804-1864) amerikanischer Schriftsteller
Niccoló Macchiavelli (1469-1527) ital.. Dichter, Philosoph, Politiker
Nicolas Chamfort (1741 - 1794), französischer Schriftsteller
Nikolai Gawrilowitsch Tschernyschewski (1828-`89) russ. Publizist
Nikolaus Lenau (1802 - 1850), österreichischer Schriftsteller
Norman Vincent Peale (1898-1993) amerik. Pfarrer, Schriftsteller

Oliver Goldsmith (1728-1774) irischer Arzt, Schriftsteller
Orphanidis Theodoros (1817-1886) griechischer Botaniker, Dichter
Oscar Wilde (1854 - 1900), irischer Schriftsteller
Oswald Spengler (1880-1936) Schriftsteller, Historiker, Philosoph
Otto Ludwig (1813-1865) deutscher Schriftsteller
Otto von Bismarck (1815 - 1898), deutscher Politiker
Otto von Leixner (1847 – 1907) Schriftsteller, Journalist, Historiker
Ovid (43 v.Chr – 17 n.Chr.), römischer Dichter
Panagiotis Soutsos (1806-1868)griech. Autor, Dichter, Journalist
Paul Flemming (1609-1640) deutscher Arzt, Dichter, Schriftsteller
Paul von Heyse (1830-1914) deutscher Schriftsteller
Paula Modersohn-Becker (1876-1907) deutsche Malerin
Pearl S. Buck (1892 – 1973), amerikanischer Schriftstellerin,
Peter Corneille (1606-1684) französischer Dichter, Schriftsteller
Philipp Otto Runge (1777-1810) deutscher Maler
Philipp II. von Makedonien (382-336 v.Chr.) König v. Makedonien
Pierre Ambroise Franc. Choderlos d.Laclos (1741-1803) Romancier
Pierre Marc Gaston de Lévis (1764-1830), franz. Politiker, Schriftst.
Platon (428 – 347 v.Chr.), griechischer Philosoph
Plutarch von Chaironeia (45-125) griechischer Schriftsteller
Prentice Mulford (1834-`91) amerik. Schriftst., Journalist, Philosoph
Publius Syrus (1.Jh.v.Chr.), römischer Dichter
Rahel Varnhagen von Ense (1771-1833) deutsche Schriftstellerin
Ralph Waldo Emerson (1803 - 1882), amerikan. Dichter, Philosoph
Réne Descartes (1596-1650) franz. Wissenschaftler, Philosoph
Richard Brinsley Sheridan (1751-1816) irischer Politiker, Dramatiker
Richard Rothe (1799-1867) deutscher evang. Theologe
Robert Frost (1874-1963) amerikanischer Dichter
Robert Hamerling (1830-1889) österreichischer Dichter, Schriftst.
Robert Louis Stevenson (1850-1894) schottischer Schriftsteller
Romain Rolland (1866-1944) franz. Schrifsteller, Musikkritiker
Saadi (ca.1190-1283) persischer Dichter, Mystiker
Sallust (86 – 34 v.Chr.), römischer Geschichtsschreiber, Politiker
Samuel Johnson (1709-1784) engl. Gelehrter, Schriftsteller, Dichter
Samuel Taylor Coleridge (1772-1834) engl. Dichter, Philosoph
Schlomo ibn gewirol (1080-1145) jüdischer Dichter, Philosoph
Shantideva (7./8.JH) südindischer Gelehrter
Sigmund Freud (1856 – 1939), östereich. Arzt, Psychologe
Simone de Beauvoir (1908-1986) franz. Schriftstellerin, Pilosophin
Simonides v.Keos (6./5. JH v.Chr.) griech. Dichter, Lyriker
Sir Arthur Conan Doyle (1859-1930) brit. Arzt, Schriftsteller
Sir Francis v. Verulam Bacon (1561-1626) engl. Philosoph, Politiker
Sir James Matthew Barrie (1860-1937) schott. Schriftst., Dramatiker
Sir Walter Scott (1771-1832) schott. Dichter, Schriftsteller
Søren Kierkegaard (1813 -1855), dän. Philosoph, Theologe, Schrift.
Sokrates (469-399 v.Chr.) griechischer Philosoph

Sophie Bernhardi (1775-1833) deutsche Dichterin, Schriftstellerin
Sophie Mereau (1770-1806) deutsche Schriftstellerin
Sophokles (497 – 405 v.Chr.),griechischer Dichter
Sully Prudhomme, (1839 - 1907), franz. Notar, Autor
Sven Hedin (1865-1952) schwed. Geograph, Reiseschriftsteller
Sylvia Plath (1932-1963) amerik. Schriftstellerin, Lyrikerin
Thales von Milet (624-547 v.Chr.) griech. Philosoph, Mathematiker
Theodor Fontane (1819 - 1898), deutscher Apotheker, Schriftsteller
Theodor Gottlieb v. Hippel (1741-1796) ostpreuß.Staatsmann,Autor
Theodor Hieck (19.JH) deutscheer Dichter
Théodore Simon Jouffroy 1796 - 1842), franz. Publizist, Philosoph
Theognis von Megara (6.JH v.Chr.) griech. Schriftsteller
Thomas Carlyle (1795 . 1881), schottischer Essayist und Historiker
Thomas Fuller (1608 - 1661), englischer Historiker
Thomas Jefferson (1743-1826) 3. Präsid. d. USA, Staatsrheoretiker
Thomas Mann (1875-1955) deutscher Schriftsteller
Thomas von Aquin (1225-1274) ital. Philosoph, Theologe
Thukydides (454.396 v.Chr.) griech. Stratege, Historiker
Titus Livius (59 v.Chr.-17) röm. Historiker
Titus Maccius Plautus (254-184 v.Chr.) röm. Kmödiendichter
Torquato Tasso (1544-1595) ital. Dichter
Torquatus Severinus Boethius (480-524) röm. Politiker, Philosoph
Ugo Foscolo (1778-1827) ital. Dichter
Vergil (70 – 19 v.Chr.), römischer Dichter
Victor Blüthgen (1844-1920) deutscher Dichter, Schriftsteller
Victor Marie Hugo (1802 - 1885), französischer Schriftsteller
Vinzenz von Paul (1581-1660) franz. Ordensstifter, Heiliger
Voltaire (1694 - 1778), französischer Schriftsteller und Philosoph
Walter Benjamin (1892 - 1940), deut. Philosoph, Literaturkritiker
Walther Rathenau (1867 - 1922), dt. Schriftsteller, Politiker
Washington Irving (1783-1853) amerik. Schriftsteller
Wilhelm Busch (1832 - 1908), deutscher Dichter und Zeichner
Wilhelm Ludwig Wekherlin (1739-1792) deutscher Schriftsteller
Wilhelm Müller (1633 - 1673), deutscher Schriftsteller
Wilhelm Raabe (1831 - 1910), deutscher Erzähler und Schriftsteller
William Morris (1834-1896) brit. Ingenieur, Dichter, Maler
William Saroyan (1908-1981) amerik. Schriftsteller
William Shakespeare (1564-1616) brit. Schriftsteller, Dramatiker
William Somerset Maugham (1874 - 1965), engl. Dramatiker,
Winston Churchill (1874-1965) brit. Premierminister, Schriftsteller
Wolfgang Herbst (1925) deutscher Schriftsteller, Aphoristiker
Wolfram von Eschenbach (ca.1170-1220) deutscher Dichter, Epiker
Xavier de Maistre (1763-1852) franz. Schriftsteller, Feldherr
Xenophon (425-355 v.Chr.) griech. Feldherr, Politiker, Philosoph
Zacharias Werner (1768-1823) deut. Dichter, Dramatiker, Priester